Komm, lass uns
Technik
entdecken & erfinden!

Gerhard Friedrich

Komm, lass uns Technik entdecken & erfinden!

Ein Aktionsbuch früher technischer Bildung

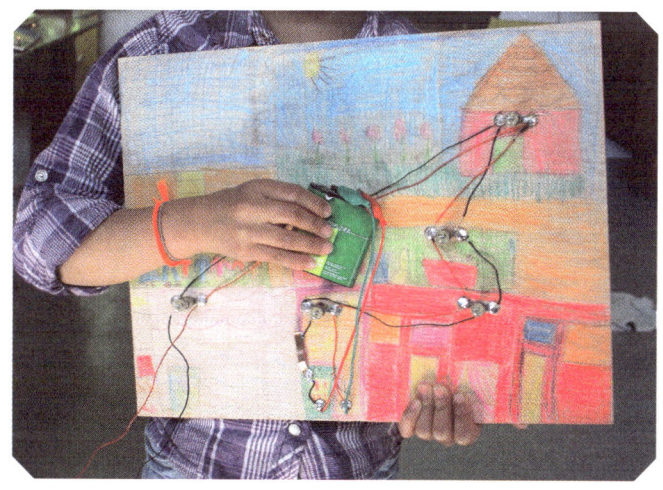

HERDER

FREIBURG · BASEL · WIEN

Für Svea, Antonia, Fenyja, Linnea und Frederick

MIX
Papier aus verantwor-
tungsvollen Quellen
FSC® C005833

© Verlag Herder GmbH, Freiburg im Breisgau 2021
Alle Rechte vorbehalten
www.herder.de

Umschlaggestaltung: Arnold & Domnick, Leipzig
Coverbild: © Gerhard Friedrich
Fotos: © alle Gerhard Friedrich
Kapitel-Zahlen im Satzlayout: © Wehrfritz GmbH
Werkzeugsymbole: © Nadiinko – iStock – GettyImages

Lektorat: Ines Zissel, Rösrath
Satz und Gestaltung: Arnold & Domnick, Leipzig

Herstellung: Těšínská Tiskárna A.S.
Printed in the Czech Republic

ISBN 978-3-451-38705-0
ISBN E-Book (PDF) 978-3-451-81949-0

Inhaltsverzeichnis

Vorwort

Im Juni 2019 brach in Südamerika das Stromnetz vollständig zusammen. Nahezu 50 Millionen Menschen, vor allem in Argentinien und Uruguay, waren für ca. 15 Stunden vom „Blackout" – so wurde der Stromausfall in der Presse bezeichnet – betroffen. Aber auch in Teilen Brasiliens, Chiles und Paraguays fiel der Strom für längere Zeit aus. Das argentinische Energieunternehmen Edesur Argentina sprach von einem flächendeckenden Ausfall und gab als Ursache eine „massive Störung" im Stromnetz an.

Stromausfälle gibt es nicht nur in Science-Fiction-Romanen, sondern sie begegnen uns auch ganz real und das auch in Deutschland.

Wenn wir uns bewusst machen, was bei einem andauernden Stromausfall geschehen würde, so wird klar, dass unser aktuelles Leben ohne moderne Technik undenkbar wäre. Denn unser heutiger hoher Lebensstandard und unser Wohlstand sind untrennbar mit technischen Errungenschaften verbunden. Unser Leben funktioniert dank der Technik, beispielsweise im Transportwesen, beim Mobilfunk oder auch bei der Lebensmittelversorgung, erst so, wie wir es kennen.

Häufig bemerken wir gar nicht mehr, welchen Einfluss die Technik auf unseren Alltag hat, sondern erst bei Ausfällen wie dem Versagen des Kühlschranks in einem heißen Sommer oder auch einer Autopanne auf dem Weg in den Urlaub bekommen wir im Kleinen eine Idee von der Reichweite des technischen Bereichs.

Unstrittig ist aber auch, dass die fortschreitende Technisierung aller Lebensbereiche leider nicht ausschließlich segensreich ist, sondern auch große Gefahren in sich birgt, die uns zunehmend dramatisch bewusst werden. Sie bilden die Kehrseite von dem, was die Technik an gesellschaftlichem, kulturellem und wirtschaftlichem Luxus beschert. Der entscheidende Punkt dabei ist allerdings, dass diese negative Kehrseite wiederum mit Technik selbst auch relativiert und korrigiert werden kann.

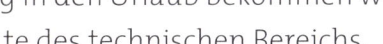

Geht es etwa darum, der existenzbedrohlich werdenden Erderwärmung entgegenzuwirken, müssen technische Lösungen realisiert werden, die es ermöglichen, den Energiehunger aus erneuerbaren Quellen zu stillen, also zum Beispiel Sonne, Biomasse, Wind und Wasser. Nur so können wir vermeiden, dass die konventionelle Verbrennung von fossilen Brennstoffen die Atmosphäre immer weiter aufheizt.

Trotz aller Widersprüchlichkeit können wir weniger denn je auf Technik verzichten. Technik ist etwas, das uns alle angeht. Deshalb gehört sie selbstverständlich in eine zeitgemäße Bildungstheorie, die nicht nur beschränkt ist auf den Bereich der Berufsbildung, sondern viel weiter gefasst ist, sie sollte schon Teil der frühen kindlichen Bildung sein.

Dieses Aktionsbuch soll Ihnen und Ihren Kindern große Freude und Vergnügen im Umgang mit Technik vermitteln. Lassen Sie sich ein auf die spannende Welt der Technik. Sie liegt uns Menschen und vor allem den Kindern viel näher, als wir dies gelegentlich vermuten.

An dieser Stelle möchte ich mich bei Herrn Stephan Geppert, Herrn Christian Surbeck und Herrn Klaus Koch bedanken. Ihre großzügigen Sachspenden ermöglichten es mir, das Thema Technik im Kindergarten fest zu etablieren.

Mein weiterer Dank gilt der Leiterin des evangelischen Kindergartens Burgheim in Lahr, Frau Anna-Maria Eberle, sowie dem gesamten Team, die mich mit großem Engagement kollegial unterstützten.

Nicht zuletzt gilt mein ganz besonderer Dank Herrn Sieghard Scheffczyk, der stets ein offenes Ohr für meine Ideen hatte und mich während der gesamten Buchentstehung fachlich beriet.

Ihr Gerhard Friedrich

So finden Sie schnell zu einzelnen Praxisideen:

Experiment

Spiel

Geschichte

Werkeln

Ausflug

Tipps zur Technik

Der Titel „Komm mit, lass uns Technik entdecken & erfinden!" sagt schon aus, dass in diesem Buch der Schwerpunkt auf dem praktischen Tun liegt. Technische Aktionen stehen im Mittelpunkt, denn schließlich bewegt sich elementare Technik nicht in der Theorie. Mit diesem Buch möchte ich Ihnen eine Sammlung von spannenden Ideen vorstellen, die mit Kindern vor allem im Vorschul- und Einschulungsalter gut durchführbar sind.

Der schnelle Einstieg

Die Aufforderung „Komm mit" ist an Kinder und Erwachsene zugleich gerichtet, und sie ist am einfachsten umzusetzen, indem das Buch in einem ersten Schritt einmal durchgeblättert wird. Falls dabei ein vorgestelltes Thema besonders ins

Um eine Katapultschleuder zu bauen, benötigt man zum Beispiel keine Kenntnisse über die Elektrizität.

Auge springt, so sollte es direkt damit losgehen. Dieses Vorgehen ist ausdrücklich erwünscht und allemal legitim. Denn es gibt innerhalb der elementaren Technik keine irgendwie begründbare Reihenfolge der Themen.

Erst mache ich vor, dann machst du nach?!

Vielleicht starten Sie eine erste Aktion auch einfach so, dass Sie den Kindern Material und Werkzeug zur Verfügung stellen und ihnen zeigen, was Sie vorhaben, zum Beispiel ein Raketenauto, einen Blumentopf-Kühlschrank oder eine Wasserreinigungsstation zu bauen.

Sie können dabei einfach alles vormachen und die Kinder machen es Ihnen möglichst genauso nach. Sollten Sie sich für diesen Weg entscheiden, dann ist auch das als Einstieg völlig in Ordnung. Sie wählen das Thema aus und geben dazu quasi eine Montage- oder Fertigungsaufgabe vor. Dabei gilt es, das geplante Vorhaben, das geplante Werkstück, möglichst exakt nach den von Ihnen gemachten Vorgaben nachzumachen oder nachzubauen. Einige Themen des Buches, etwa das Arbeiten mit einfachen Bausätzen, lassen sich mittels einer anderen Methode auch kaum realisieren.

Vor allem spricht auch überhaupt nichts dagegen, notwendige handwerkliche Kniffs und Tricks, insbesondere den korrekten Umgang mit Werkzeugen und Verbrauchsmaterialien, durch einfaches Vor- und Nachmachen im Stil einer Meister-Auszubildenden-Beziehung einzuüben. Ganz im Gegenteil: Es macht wenig Sinn, das richtige Einschlagen eines Nagels oder die richtige Handhabung einer Kombizange oder gar einer Heißklebepistole Kinder selbst entdecken zu lassen, ganz abgesehen davon, dass dies auch für sie gefährlich wäre.

Kreativ, initiativ und neugierig entdecken lassen

Klar ist aber auch, dass das Verfahren „Vormachen – Nachmachen" nicht zum Kern dessen vordringen, was eine frühe technische Bildung leisten sollte. Glücklicherweise ist es jedoch so, dass die Kinder es selbst sind, die aus nahezu jedem ihnen gestellten Problem ein echtes technisches machen.

Kinder lieben es zu basteln, kreativ zu tüfteln, etwas auszuprobieren, es zu zerlegen und neu durchzuspielen, Unbekanntes zu untersuchen oder gleich alles abzuwandeln, um daraus etwas Neues zu entwickeln, zu erfinden, zu gestalten oder – um es fachlich auszudrücken – sie verwandeln nahezu jede Fertigungsaufgabe in eine eigeninitiierte Konstruktionsaufgabe. Die Voraussetzung dafür ist allerdings, dass wir sie in ihren Initiativen handeln lassen und auch in diesem Bildungsbereich professionell methodisch-didaktisch begleiten.

Nicht zuletzt ist vieles von dem, was Kinder täglich spielen, technischer Art, etwa wenn sie in der Bauecke Türme, Brücken oder andere Bauten erschaffen. Nicht zuletzt bewegen sie sich in einer technischen Welt und dies auch bereits im Kindergarten.

Mit Werkzeug arbeiten

Ein schneller Einstieg in die Technikwelt kann auch schon eine gut ausgestattete Werkzeugkiste bieten, deren Erkundung für viele Kinder bereits eine hohe Motivation besitzt. Das Stöbern in einer solchen Kiste weckt sicherlich die Neugier vieler Kinder und den Wunsch, das Werkzeug auch einzusetzen. Dabei spricht nichts dagegen, Werkzeuge zu verwenden, die auch Erwachsene benutzen würden. Verwenden die Kinder „Werkzeugspielzeug" oder schlechtes Werkzeug, etwa stumpfe

Sägen oder Minihämmer, führt dies eher zu Misserfolgen. Denn ebenso wie für das Handwerk gilt auch für Kinder das Motto „Gutes Werkzeug ist die halbe Arbeit". Die Ausstattung muss zu Beginn nicht vollständig sein, sondern kann schrittweise nach den eigenen Bedürfnissen ergänzt werden. Der Umgang mit dem Werkzeug will dann allerdings gelernt sein und bietet einen Anfangspunkt für die pädagogische Arbeit und Begleitung. Vielleicht kann der Einstieg in die Technikaktionen dann ein Werkzeugführerschein sein, wie er auch in diesem Buch vorgestellt wird.

Technik für die Kita

Technisch bildend wird es für Kinder immer dann, wenn es ihnen gelingt durch eigene Handlungen zu erfahren, wie technische Produkte, Mittel oder Verfahren eingesetzt werden können, um das alltägliche Leben zu erleichtern oder sogar zu verbessern. Deshalb ist es aus technikdidaktischer Sicht sinnvoll, Kinder im Kindergarten- und Grundschulalter mit Frage- und Problemstellungen zu konfrontieren, die für sie eine konkrete Bedeutung haben.

Mit methodischem Geschick und Grundwissen

Die Aufgabe für (Elementar-)Pädagoginnen und Pädagogen besteht darin, das gesamte methodische Profiwissen auch auf den Bereich einer technischen Bildung anzuwenden, bzw. – und darauf kommt es an – auf diesen auszudehnen. Deshalb gelten auch hier die gleichen methodischen Forderungen an eine zeitgemäße Frühpädagogik, wie sie für alle weiteren relevanten Bildungsbereiche gelten (Sprache, Philosophie, musisch-kreative Bildung, Körper und Gesundheit usw.):

- gute Interaktionen im Sinne gemeinsamer ko-konstruktiver Aushandlungsprozesse
- dialogisch entwickelnde Denkprozesse
- Kinder dabei unterstützen, in die Zone der nächstfolgenden Entwicklung (Rapp, 2020) zu gelangen usw.

TIPP

Anschauliche Videos
mit Praxisanleitungen
gibt es im Internet.

Es handelt sich um methodische Standards, die alle Bildungsthemen umspannen. Eine gute Übersicht über diesen grundsätzlichen Aspekt einer modernen frühpädagogischen Praxis findet sich zum Beispiel in dem Buch „Methodik der Bildungsarbeit in Kindertagesstätten" (Ellermann, 2017).

Wer sich speziell für eine technikdidaktische Gesamtdarstellung interessiert oder etwa Planungshinweise zur Initiierung und Durchführung eines Projektes bzw. zur Prozessstruktur technischen Handels sucht, der findet diesbezüglich eine ebenso gute Übersicht in der Handreichung „Frühe technische Bildung" (Fthenakis, 2009) wie etwa auch auf der Homepage der Stiftung „Haus der kleinen Forscher" unter dem Suchbegriff „Technik".

Einblick in die große Welt der Technik

Die Praxisideen und Aktionen sind sechs Themenfeldern zugeordnet (in Anlehnung an Friedrich & Galgóczy, 2010; Friedrich, 2011a/b/c; Friedrich, 2017). Diese Felder zielen auf eine Erfassung der gesamten technischen Lebenswelt (siehe Kapitel 8). Letztlich sollen alle Lebenssituationen, in denen Kinder mit Technik in Berührung kommen, exemplarisch dargestellt sein:

- Produkt und Produktion oder: „Fleißige Handwerker"
- Transport und Verkehr oder: „Von hier nach da"
- Bauen und Wohnen oder: „Stein auf Stein"
- Information und Kommunikation oder: „Aus Alt mach Neu"
- Information und Kommunikation oder: „Hallo?!?"
- Bauen und Wohnen oder: „Spiel und Spaß"

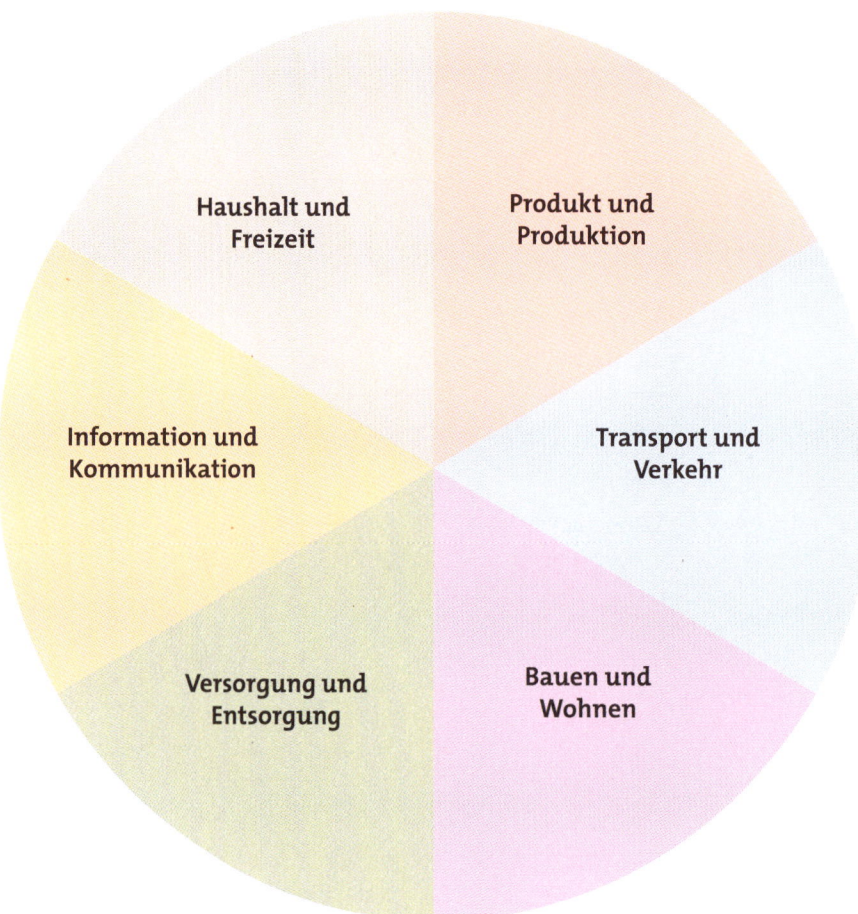

Haushalt und
Freizeit

Produkt und
Produktion

Information und
Kommunikation

Transport und
Verkehr

Versorgung und
Entsorgung

Bauen und
Wohnen

Hören sich die Themenfelder noch sehr theoretisch an, so zeigt sich bei den Aktionsideen schnell, wie nah sie am Alltag der Kinder sein können. Nahezu alle Beispiele wurden im Kindergarten mit Kindern im Alter von vier bis sechs Jahren erprobt. Nur einige wenige stammen aus einem Technikprojekt einer ersten Schulklasse.

Der didaktische Schwerpunkt dieses Buches liegt darauf, den Bildungsbereich des Technischen sowohl in seiner Bandbreite exemplarisch darzustellen als auch theoretisch zu begründen. Vielleicht werden Sie ebenso erstaunt sein, welch großen Radius der Inhaltskreis des Technischen zieht.

Es wird sich zeigen, dass gerade auch technische Themen für Kinder besonders attraktiv sind. Sie können davon auszugehen, dass die Kinder sich mit großer Freude auf die vorgestellten Themen einlassen. Das ist sicher der erste und wahrscheinlich entscheidende Schritt auf dem Weg zu einer frühen technischen Bildung.

Fleißige Handwerker:
Produkt und Produktion

Kinder können in die Rolle der Erschaffer, der Schöpfer und der Hersteller technischer Objekte schlüpfen, wenn es um das Themenfeld „Produkt und Produktion" geht. Dabei ist die Bandbreite möglicher Inhalte groß, denn es geht hier einerseits darum, technische Objekte jeglicher Art zu planen bzw. herzustellen und andererseits dabei den Herstellungsprozess als solchen zu erleben. Technisch gesprochen geht es also nicht nur um die fertigen Produkte, sondern auch um den Herstellungs- bzw. Produktionsprozess an sich.

Die Freude an der praktischen Betätigung steht dabei im Mittelpunkt. Persönliche Neigungen und Vorlieben können ebenso entdeckt werden, wie die Kinder allererste Einblicke in verschiedene handwerkliche Berufe gewinnen können.

Wir stellen etwas her

Vielleicht sollen für den Weihnachtsbasar eine größere Menge an Sternen gefaltet werden? Oder Sie benötigen für einen Kindergeburtstag viele Papierhüte? Vielleicht wollen Sie für die Aufbewahrung von Schrauben, Muttern, Nägeln usw. Schachteln selbst herstellen? Es gibt auch in der Kita viele Anlässe, ein einheitliches Produkt mehrfach herzustellen.

Im Internet finden sich zahlreiche Faltbeispiele (Suchworte z.B. „Falten mit Kindern"), die oft sogar mit kurzen Anleitungsvideos vorgestellt werden. Auch die Fröbelpädagogik liefert sehr geeignete Beispiele und Ideen (Friedrich, 2019).

Technisch interessant ist die Tatsache, dass die genannten Produkte verschiedene Herstellungsverfahren zulassen. Für das Papierfalten sind vor allem die Einzel- und die Mehrfachfertigung von Interesse.

An einem einfachen Beispiel kann dies gezeigt werden und das Beispiel ist bereits für jüngere Kinder aufschlussreich.

Papierflieger wie am Fließband

Einen einfachen Papierflieger zu falten, ist nicht schwer. Es braucht dazu nur einen Papierbogen, idealerweise im DIN-A4-Format.

Als Einstieg in dieses Thema sollte es zunächst jedem Kind gelingen, einen Papierflieger selbstständig zu falten.

Jetzt geht es an das Fertigen von Papierfliegern in größeren Stückzahlen. Es gelingt recht leicht, die Idee einer Mehrfach- bzw. Serienfertigung zu entwickeln. Nachdem die Kinder im Verlauf der Einzelfertigung die komplette Konstruktionsroutine gut beherrschen lernen, reicht eventuell bereits ein einfacher Impuls, zum Beispiel „Bekommen wir das nicht schneller hin?", um nach und nach zu der Idee einer arbeitsteiligen Vorgehensweise zu gelangen.

Gemeinsam wird der Produktionsprozess in vier Teilschritte unterteilt bzw. auf vier Arbeitsplätze verteilt. In den ersten drei Schritten wird der Rumpf des Fliegers und die Spitze gefaltet und im vierten Schritt entstehen die Tragflächen. Das Blatt wird zunächst längs halbiert und wieder aufgefaltet. Dann wird an einer kurzen Seite ein Dreieck zur Mitte hin gefaltet (Spitze). Im dritten Schritt wird wieder die Halbierung genutzt und im vierten Schritt müssen erneut zwei Faltungen für die Tragflächen vorgenommen werden.

Was die Stationen wohl sagen würden, wenn sie sprechen könnten, vielleicht:

Station 1 zu allen anderen: „Ich bin die Schnellste, schaut nur, bei Station 2 liegen bereits viele gefaltete Blätter von mir."

Station 2 zu Station 1: „Langsamer, ich komme kaum hinterher!"

Station 3 zu Station 2: „Mach schneller, ich bin arbeitslos!"

Station 4 zu allen anderen: „Ich verrichte die schönste Arbeit. Ich bin die Endmontage."

1. Station: Diese Faltung ist einfach und geht schnell.

2. Station: An dieser Station wird es etwas kniffliger, denn es gibt hier zwei Faltungen.

3. Station: Sie ähnelt der ersten Station mit einer Faltung.

4. Station: „Dieser Flieger ist gleich fertig. Uff, schon kommt der nächste. Das hört ja gar nicht auf."

So sieht die Fertigungs-, die Produktionsstraße im Gesamten aus. Sie beginnt bei dem Jungen im blauen Pulli, läuft links herum und endet bei dem Mädchen im roten Pulli.

In aller Regel ist es so, dass Serienfertigungen ganz unabhängig davon, was dabei hergestellt wird, bei den Kindern zunächst sehr viel Begeisterung auslöst. Sie sind beeindruckt, dass das auch „so" funktioniert und freuen sich, dabei im Team zu arbeiten. Wenn die Produktion jedoch längere Zeit andauert, entsteht nahezu zwangsläufig Diskussionsbedarf.

Welches Fertigungsverfahren macht mehr Spaß, welches ist anstrengender? Gab es bei der Serienfertigung Schwachstellen? Welche Station ist schneller fertig bzw. welches Fertigungsverfahren ist schneller? Kann man diese verbessern? Vielleicht gelingt es den Kindern sogar, die Produktion zu optimieren?

Die Kinder haben erfahren, dass ein Produktionsprozess in definierte Einzelschritte zerlegt werden kann.

Nahezu alle Gegenstände, die täglich benutzt werden, sind in großen Stückzahlen in Mehrfachfertigung hergestellt worden. Der ökonomische Erfolg dieses Fertigungsverfahrens liegt in der rationalen Aufteilung und Verteilung der einzelnen Arbeitsschritte. Anhand dieses einfachen Beispiels können bereits Kinder die Grundprinzipien nachvollziehen.

Natürlich muss es aber auch darum gehen, diese beiden verschiedenen Fertigungsverfahren kritisch zu reflektieren. Das kann schon über wenige Nachfragen geschehen:

- Wie ging es euch, als ihr allein mehrere Papierflieger gefaltet habt (Einzelfertigung)? Wie war es, als ihr an einer Station immer dieselbe Faltung gemacht habt (Serienfertigung)?
- Wie ging es euch an Station 2 (Faltung der Spitze)? Warum war es dort besonders anstrengend? Die Serienfertigung wird bei aller Einfachheit in der Tätigkeit oft als „stressig" erlebt. Woran liegt dies?
- Ist es gut, so viele Papierflieger zu bauen? Nur so zum Spaß? Hätten nicht vier genügt? Hätten wir nicht besser Altpapier benutzen sollen?

Für die älteren Kinder kann die Betrachtung des Verfahrens auch ausgeweitet werden etwa auf historische Gegebenheiten, vielleicht gab es schon Bilderbuchbetrachtungen dazu. Auch dazu können Fragen gestellt und gemeinsam nach Antworten gesucht werden:

- Wie wurden früher Sachen hergestellt, wie wird heute produziert?
- Unter welchen Arbeitsbedingungen und wo werden heute Produkte hergestellt? Zum Beispiel Spielzeugautos, Spielzeugbagger oder auch Haushaltsgeräte wie Kaffeemaschine, Staubsauger usw.?
- Könnte ihr euch vorstellen, in welcher Situation besser Roboter als Menschen bestimmte Dinge herstellen? Für welche Produkte eignen sich Roboter besser? Für welche würden sie sich überhaupt nicht eignen?
- usw.

Das richtige Werkzeug

Das richtige Werkzeug für technische Projekte in der Kita sollte von guter Qualität sein, auch wenn das natürlich seinen Preis hat. Jedoch gerade in Kinderhänden werden Werkzeuge sehr beansprucht.

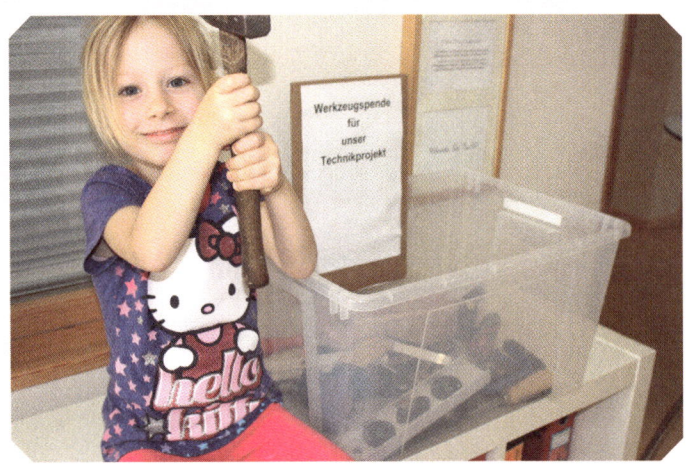

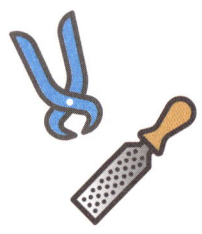

Als eine gute Möglichkeit, Geld zu sparen, bietet es sich an, die Eltern um eine Spende zu bitten. Auch für das Besorgen von Verbrauchsmaterialien (z.B. Nägel, Holzreste, Schrauben, Schleifpapier) kann so vorgegangen werden. Wenn Eltern wissen, dass ihr Werkzeug in der Kita zum Einsatz kommt, sind viele gerne zu einer Spende bereit. In einem Elternbrief lässt sich diese Aktion näher erklären.

Auf dem Tisch liegen drei Wasserpumpen-zangen (oder auch Rohrzangen genannt), eine kleine Flachzange, verschiedene Beiß-zangen, aber leider ist keine Kombizange dabei.

Sortieren von Sägen, Feilen und Raspeln

⬤ |||||||| *Hinweis*

Auch wenn die Kinder das gespendete Werkzeug sofort
begeistert begutachten und sortieren möchten, so liegt es
bei den Erwachsenen, das Werkzeug kritisch nach dessen Eig-
nung zu beurteilen und das eine oder andere großzügig auszusor-
tieren, etwa zu große und deshalb ungeeignete Bohrer oder zu große Schrau-
benschlüssel, die für die Kita weniger geeignet sind. Auch wenn die Werkzeuge
in einem schlechten oder beschädigten Zustand sind, lässt sich damit kaum
arbeiten und darüber hinaus bestünde Verletzungsgefahr. Eventuell bietet es
sich an, das eine oder andere Werkzeug auch dazuzukaufen.

Letztlich stehen die Erwachsenen jedoch immer in der Verantwortung, den
Kindern die Sicherheitsregeln zum Umgang mit den Werkzeugen oder den
einfachen Maschinen (z. B. einer Handbohrmaschine) zu vermitteln.

Solch eine „Unterweisung" geschieht am sinnvollsten durch einfaches Vor-
und Nachmachen, verbunden mit einer sich daran anschließenden Konstruk-
tions- bzw. Werkaufgabe, wie zum Beispiel der Herstellung einer Stabpuppe
oder eines einfachen Werkzeugs.

Regeln für Kinder mit Werkzeug

- Das Wichtigste: Kinder lernen den sicheren Umgang mit Werkzeugen nur
  dann, wenn sie selbst damit arbeiten. Fehler zu machen, ist dabei erlaubt
  und lässt sich auch nicht vermeiden.
- Bieten Sie Hilfe nur dann an, wenn sie wirklich benötigt wird, denn es gilt
  die Regel: Es ist noch kein Meister vom Himmel gefallen.
- Es gilt jedoch immer, dass die Arbeit mit dem Werkzeug von Erwachsenen
  beaufsichtigt und begleitet werden muss.

- ☀ Werden keine die Sicherheit betreffenden Fehler gemacht (etwa das Um-
herrennen mit einem spitzen Gegenstand in der Hand), so ist das handwerkliche Arbeiten ungefährlich.
- ☀ Üben Sie den richtigen Umgang mit den Werkzeugen stets an konkreten
Aufgabenstellungen und nicht als „Trockenübung".
- ☀ Formulieren Sie gemeinsam mit den Kindern Regeln, wie es in der Werk-
statt zugehen muss.

Für einen guten Start sind diese Werkzeuge bzw. dieses Material nützlich:

Hammer	Seite 22	**Säge**	Seite 26
Schraubendreher	Seite 22	**Kombizange**	Seite 28
Vorstecher	Seite 24	**Heißklebepistole**	Seite 29
Schraubstock	Seite 24	**Holzleim**	Seite 29
Schraubzwinge	Seite 25	**Meterstab bzw. Zoll-stock**	Seite 30
Feile und Raspel	Seite 25	**Handbohrmaschine mit Bohrer**	Seite 30
Schleifpapier	Seite 26		

Hammer

Der Hammer gehört in der Geschichte des Menschen zu den ältesten Werkzeugen. Das Werkzeug und seine primäre Funktion als Schlaginstrument dürfte wohl
jedem Kind vertraut sein. Die große Bedeutung des Hammers als Werkzeug wird
allein dadurch deutlich, dass es weit über fünfzig verschiedene Hammertypen für
die unterschiedlichsten Anforderungen gibt.
Für Kinder eignen sich Schlosserhämmer, die ein Gewicht von ca. 200 g aufweisen.
Das Gewicht eines Hammers lässt sich meist auf dem Hammerkopf ablesen.

Schraubendreher

Schraubendreher – der geläufige, wenn auch nicht ganz korrekte Begriff lautet
Schraubenzieher – werden zum Lösen, Befestigen und Justieren von Schrauben
benutzt. Das Arbeiten mit einem Schraubendreher ist zu Beginn für die Kinder
alles andere als einfach. Auch können sie bei Unachtsamkeit mit diesem spitzen
Werkzeug leicht abrutschen. Empfehlenswert ist es, Kindern mehrere Schlitz- und

Dieser Schlitzschraubendreher aus dem Elektrobereich ist für die abgebildete Kreuzschlitzschraube das falsche Werkzeug.

Kreuzschraubendreher zur Verfügung zu stellen, damit die Klinge – so nennt man den vorderen Teil des Schraubendrehers – möglichst passgenau in die Schraubenköpfe passt. Einerseits verhindert dies das Abrutschen und andererseits schützt eine optimale Passung auch vor Verformung der Klinge und der Schraubenköpfe.

Magisch – eine magnetische Schraubenklinge

Um die Arbeit mit dem Schraubendreher zu erleichtern, gerade bei kleinen Schrauben, kann man einen kleinen Kniff anwenden: Streicht man die Klinge mehrfach in eine Richtung über einen Magneten, lassen sich Schrauben anschließend bequemer mit dem Schraubendreher aufnehmen und halten.

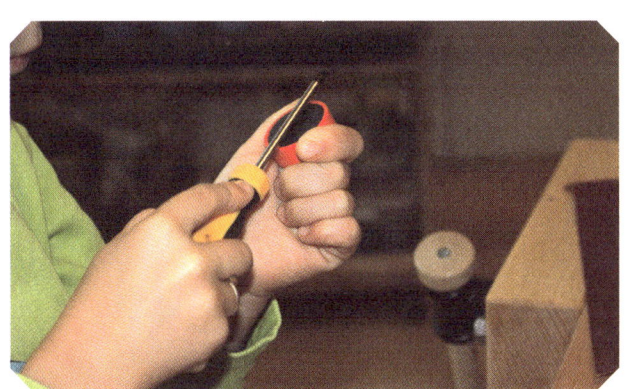

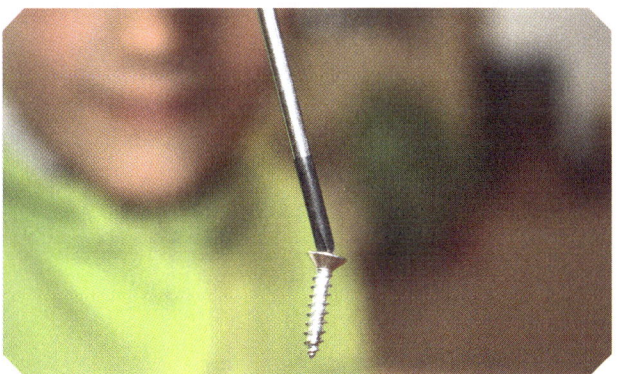

Toller Trick, er erleichtert das Arbeiten, vor allem bei sehr kleinen Schrauben.

Vorstecher

Der Vorstecher findet bei der Verarbeitung von Holz seinen Einsatz. Mit ihm werden Bohrungen auf dem Holz gekennzeichnet (mit der Spitze leicht eindrücken). Ähnlich wie beim Arbeiten mit dem Schraubendreher muss mit einem Vorstecher aufgrund der Verletzungsgefahr sorgsam umgegangen werden. Es empfiehlt sich, die Spitze des Vorstechers nach dem Arbeiten mithilfe eines kleinen Korkens, Silikonschlauchs oder eines Gummistückchens zu schützen, indem man dieses auf die Spitze aufdrückt.

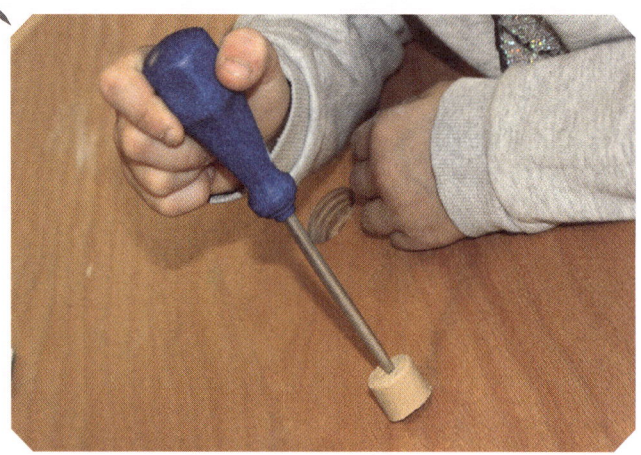

Auch ein in der Mitte durchgesägter Flaschenkorken schützt die Spitze des Vorstechers und trägt zur Unfallvermeidung bei.

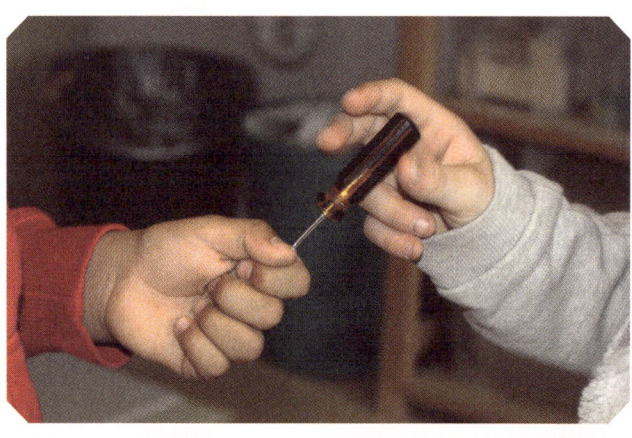

So überreicht man spitze oder scharfe Werkzeuge einander.

Schraubstock

Ein Schraubstock ist eine fest an einer Werkbank oder abnehmbar an einem Tisch (sogenannte Klemmschraubstöcke) montierte Vorrichtung zum Feststellen und Fixieren von Werkstücken, damit diese besser bearbeitet (z. B. gebohrt, geklebt, gebogen oder gesägt) werden können. Eine Werkbank wäre wünschenswert, zumal an dieser auch anderweitig kreativ gearbeitet werden kann, aber Klemmschraubstöcke reichen durchaus aus, um mit Kindern handwerklich gut arbeiten zu können.

Schraubzwinge

Auf Schraubzwingen als Werkzeug lässt sich kaum verzichten. Sie gehören zu einer guten Werkzeugausrüstung und dienen zum Einspannen mehrerer (meist zweier) Körper gegeneinander. Auf diese Weise lassen sich zum Beispiel Klebestellen unter Druck dauerhaft verbinden, wie es etwa beim Leimen notwendig ist. Sie können aber auch benutzt werden, um einen Werkstoff oder ein Werkstück zur weiteren Bearbeitung an einem Tisch zu fixieren. Das Werkstück selbst kann zum Schutz seiner Oberfläche durch ein Holzstück oder etwas dickere Pappe an den Andruckstellen geschützt werden.

Feile und Raspel

Feilen werden zur Bearbeitung von Holz und Metall eingesetzt, Raspeln hingegen finden nur in der Holzbearbeitung Anwendung, da ihre Oberflächen wesentlich grober gestaltet sind, Raspeln dienen deshalb auch lediglich zur groben Holzbearbeitung. Beim Raspeln werden bedingt durch die groben Raspelzähne (auch „Raspelhieb" genannt) Holzfasern aus dem Material ausgerissen und entsprechend tiefe Spuren bleiben an der Oberfläche sichtbar, die wiederum mit einer feineren Feile oder mit Schleifpapier geglättet werden können.

Feilen werden hingegen zur Feinbearbeitung von Werkstoffen eingesetzt. So lassen sich etwa scharfe Kanten abrunden und Oberflächen glätten.

Beim Gebrauch von Raspeln und Feilen wird der Griff mit der bevorzugten Hand gut festgehalten und mit der anderen bei der Vorwärtsbewegung ein Druck auf das vordere Teil des Werkzeugs ausgeübt.

Es ist wichtig, dass der Griff der Feile (auch „Feilenheft" genannt) stets festsitzt. Feilen unterscheidet man nach zwei Aspekten:

Das Kind hält in seiner rechten Hand eine Werkstatt-Dreikantfeile und in seiner linken eine Raspel, mit der zuvor ein Ytong-Stein bearbeitet wurde.

- einerseits nach der Form: Rund-, Halbrund-, Dreikant-, Flachfeilen usw.
- andererseits nach dem Hieb: je höher die „Hiebzahl", desto feiner die Feilenoberfläche und damit der Abrieb

Empfehlenswert für die Kita sind sogenannte Werkstattfeilen mit Hieb 1 oder Hieb 2. Sehr gut eignen sich auch Kombinationswerkzeuge mit je einer Feilen- und Raspelseite.

Schleifpapier

Um eine Oberfläche eines Holzwerkstückes zu glätten, eignet sich neben einer Feile auch Schleifpapier, das gelegentlich Schmirgel- oder Sandpapier genannt wird. Es eignet sich zum Brechen von Kanten. Darunter versteht man das Abschleifen von scharfkantigen Kanten.

Zum Schleifen von Flächen verwendet man am besten einen Schleifklotz aus Kork, um den das Papier gewickelt wird und man schleift dann in Richtung der Holzmaserung.

Mit einem Korkklotz geht das Schleifen viel besser als ohne.

Im Fachhandel gibt es Schleifpapier in verschiedenen Körnungen. Der Grad der Körnung wird durch eine auf der Rückseite des Papiers aufgedruckte Zahl angegeben. Je größer diese Zahl, desto feiner ist das Papier. Für Holzarbeiten eignen sich 80er-Bögen (zum Vorschleifen) und 150er-Bögen (zum Feinschleifen).

Säge

Auch jüngere Kinder können schon gute Sägeschnitte machen, wenn beim Sägen auf Stabilität Wert gelegt wird. Grundsätzlich gibt es viele verschiedene Typen von Sägen. Für den Gebrauch in der Kita, bieten sich vor allem drei Sägen an: die Laubsäge, die Feinsäge und die kleine Bügelsäge.

Laubsäge

Die wohl bekannteste Bügelsäge für den Bastelbedarf dürfte die Laubsäge sein. Sie arbeitet auf Zug, was bedeutet, dass beim Einspannen des Sägeblatts darauf zu achten ist, dass die Zähne zum Griff zeigen. Die Laubsäge ist insbesondere für feine Arbeiten geeignet, wenn es etwa darum geht, enge Rundungen oder filigrane Konturen zu sägen. Für einen universellen Einsatz sind Laubsägen wenig geeignet. Das Arbeiten mit einer Laubsäge ist für Kinder auch recht schwierig, es erfordert einiges an motorischem Geschick, und es bedarf Übung, bis sie den Umgang damit beherrschen. Ebenso reißen die Blätter anfangs häufig ab und Kinder können diese nicht selbstständig wechseln.

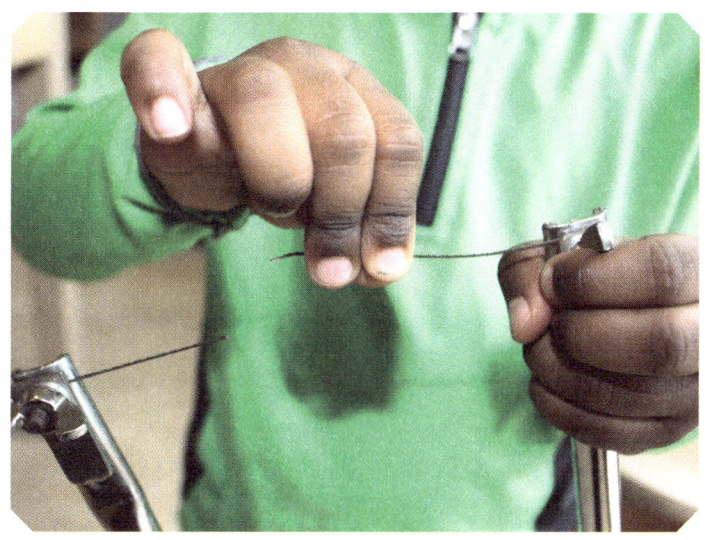

Das Blatt muss ausgewechselt werden, da wird die Unterstützung durch einen Erwachsenen benötigt.

Feinsäge und Schneidlade

Mit einer Feinsäge lassen sich besonders gut feine und gerade Schnitte in Holzleisten bzw. Rund- und Kanthölzer ausführen. Das Sägeblatt kann bei einer Feinsäge meist nicht gewechselt werden.

Eine Schneidlade (gelegentlich auch Gehrlade oder Gehrungsschneidlade genannt) ist gerade in Kombination mit einer Feinsäge sehr hilfreich. Sie kann als Führungsschiene für das Sägeblatt dienen, um exakte Schnitte durchzuführen.

Kleine Bügelsäge oder Puksäge

Eine kleine Bügelsäge ist wie auch die Puksäge eine sehr verbreitete Universalbügelsäge, die in vielen Haushalten zum Standard gehört. In den Haltebügeln können Sägeblätter für jeweils verschiedene Werkstoffe (z.B.

Hier wird mit einer Feinsäge eine Holzleiste abgesägt. Die Leiste wurde mit einer Schraubzwinge in einer Schneidlade fixiert, die wiederum am Schraubstock der Werkbank eingespannt wurde.

Mit zwei Händen gelingt das Sägen mit der Bügelsäge besser.

Holz, Kunststoff oder Metall) eingespannt werden, die je nach Bedarf oder Abstumpfung leicht austauschbar sind. Für den Einsatz im Kindergarten ist die Verwendung von Metallsägeblättern eine gute Wahl.

Puksägen arbeiten, so wie die Laubsägen und im Gegensatz zu den meisten anderen Bügelsägen, auf Zug, das heißt, auch hier ist beim Einspannen der Sägeblätter darauf zu achten, dass die Sägezähne zum Griff hinzeigen. Eine Puksäge ist ein hervorragendes Werkzeug für die Kita. Gerade auch für das Absägen dünner Leisten oder Rundstäben ist sie bestens geeignet.

Kombizange

Es gibt sehr viele verschiedene Zangenarten. Für die Kita am besten geeignet ist die sogenannte Kombinationszange, kurz Kombizange. Sie vereint mehrere Eigenschaften speziellerer Zangen (daher der Name). Sie dient zum Greifen, Abkanten sowie zum Abtrennen von Rundhölzern bis ca. 8 mm Durchmesser, von schmalen Blechstreifen und von Drähten. Hierzu besitzt sie Schneiden, die einem Seitenschneider vergleichbar sind, zugleich aber auch Backen wie Flach- oder Rohrzange, um flache und runde Werkstücke festzuhalten.

Die Seitenschneidefunktion der Kombizange kann benutzt werden, um zum Beispiel ein 4 mm starkes Rundholz zu kürzen.

Heißklebepistole

Heißklebepistolen sind praktisch und beliebt. Sie eignen sich hervorragend zum kleinflächigen und punktuellen Kleben. Verarbeitet wird Schmelzklebstoff, der durch eine elektrische Heizung zum Schmelzen gebracht und durch manuellen Druck aus der Spitze der Pistole als flüssige Paste ausgepresst wird. Diese Klebepaste sollte rasch auf die zu klebenden Flächen aufgetragen werden, da die Verarbeitungszeit mit dem Abkühlen der Klebepaste endet.

●||||||||| Hinweis

Heißklebepistole arbeiten mit heißem Kleber und besitzen eine heiße Metallspitze. Sie dürfen deshalb in der Kita den älteren Kindern erst nach entsprechenden Sicherheitshinweisen zur Verfügung gestellt werden.

Holzleim

Das Kleben mit Holzleim ist ungefährlich. Möchten die Kinder Holz oder Holzwerkstoffe verkleben, so ist lösungsmittelfreier Holz-, Weiß- oder Bastelleim jedem anderen Klebstoff vorzuziehen. Leim ist jedoch nicht gleich Leim. Für die Kita sind vor allem diese drei unterschiedlichen Produktangebote von Interesse: „normaler" Leim, der wasserfeste und der schnell abbindende Leim. Normaler Leim zieht nach 15 Minuten an – so lange dauert die maximale Verarbeitungszeit – und die Klebestelle muss während des Abbindens gepresst werden.
Nach etwa 30 Minuten Presszeit ist die Verbindung stabil, sollte aber noch nicht mit Gewicht belastet werden. Nach etwa zwölf Stunden sind die Klebestellen voll belastbar. Mit schnell abbindendem Leim geht alles deutlich flotter.

Meterstab bzw. Zollstock

Der Meterstab wird auch als „Zollstock" oder „Gliedermaßstab" bezeichnet, umgangssprachlich heißt er schlicht „Meter". Die handelsübliche Länge beträgt 200 cm, es gibt aber auch speziell für Kinderwerkarbeiten Meterstäbe mit einer Länge von 100 cm, die zu bevorzugen sind. Solch ein kleiner „Meter" sollte auch in einer Basiswerkstatt einer Kita nicht fehlen, selbst wenn die Kinder die Zentimeterangaben oft noch nicht korrekt ablesen können. Hier ist die Hilfe von Erwachsenen unvermeidbar, zum Beispiel so: „Schau mal, diese Holzleiste ist 10 cm lang, so eine brauchst du insgesamt viermal."

Die Erfahrung zeigt, dass die Kinder den Umgang mit diesem Messinstrument durch solche einfachen Hinweise nach und nach erlernen.

Handbohrmaschine mit Bohrer

Elektrische Bohrmaschinen sind für Kinderhände nicht geeignet. Handbohrmaschinen dagegen jedoch schon, auch wenn sie den meisten Kindern wahrscheinlich unbekannt sein dürften.

Sie werden überwiegend zum Bohren von Holz benutzt. Sie können aber auch zum Bohren von Metallen, Steinen und Kunstoffen verwendet werden. Das Einspannen eines Bohrers in das Bohrfutter ist jedoch gar nicht so einfach und erfordert Übung, aber mit etwas Hilfe klappt es sicher. Handbohrmaschinen sind in aller Regel für Bohrer bis 6 mm ausgelegt.

Bohrer, gelegentlich auch Bohreinsätze genannt, gibt es für verschiedene Werkstoffe, allem voran Holz, Metall und Stein. Für die Kita sind Metallbohrer zu empfehlen, da mit diesen auch problemlos in Holz gebohrt werden kann (nicht in Steine). Umgekehrt eignen sich Holzbohrer nicht für das Bohren in Metall, bzw. der Versuch, in Metall zu bohren, wäre sogar gefährlich.

Auch ist die Handhabung eines Metallbohrers für Kinder etwas einfacher, da er

Die beiden Mädchen überlegen gemeinsam: „Wie können wir den Bohrer befestigen?"

Der Bohrer ist eingespannt und kann gleich ausprobiert werden.

Bohrer und Stoff sind miteinander verhakt.

beim Anbohren mit niederen Drehzahlen nicht so schnell hakt. Da die meisten Handbohrmaschinen nur mit einem Bohrfutter bis 6 mm ausgestattet sind, empfiehlt es sich, anstatt eines einzelnen kompletten Bohrersatzes in einer Schatulle gleich mehrere einzelne Bohrer in den Standardgrößen (3 mm, 4 mm, 5 mm, 6 mm) zu kaufen. Vor allem dünne Bohrer (etwa ein 2-mm-Bohrer) können bei unsachgemäßer Handhabung leicht abbrechen.

● IIIIIIII Hinweis

Die oberste Regel beim Bohren lautet, dass das zu bohrende Werkstück unbedingt eingespannt werden muss. Sonst bestünde eine erhebliche Verletzungsgefahr, da sich das zu bohrende Werkstück mit dem Bohrer mitdrehen würde. Aber das ist nicht die einzige Gefahr, die bei falscher Handhabung lauert, wie die Kinder leicht herausfinden können. Berührt ein sich drehender Bohrer Wolle oder Stoffreste, so verhaken sich diese unmittelbar. Schnell wird den Kindern klar, dass sich auch ihre Haare, Ketten, Schals oder Kleidung aufwickeln könnten, falls sie beim Bohren den Bohrer berühren.

Deshalb gilt die Regel: Beim Bohren immer aufrecht stehen und keine offene Kleidung tragen. Auch darf beim Bohren nicht gedrängelt werden und beim Zuschauen muss immer ein Sicherheitsabstand eingehalten werden.

Das Werkzeug richtig einsetzen

Um sich mit dem Werkzeug auseinanderzusetzen, bieten sich verschiedene Aktionen an, die unterschiedlich im Aufwand sind. Die Aktionen können zum Beispiel an das Begutachten der neu gespendeten Werkzeuge anknüpfen oder auch an das gemeinsame Überlegen, ob vielleicht ein Werkzeug selbst hergestellt werden kann. Am umfassendsten ist der Einsatz vielfältiger Werkzeuge im Vorschlag zu den Stabpuppen.

Feilen – selbst gemacht

Vor dem Anspruch, Technik nicht nur nutzen, sondern auch selbst konstruieren bzw. herstellen zu können, bietet es sich an, mit den Kindern selbst ein Werkzeug herzustellen, das sie für ihre späteren Arbeiten gut gebrauchen können.

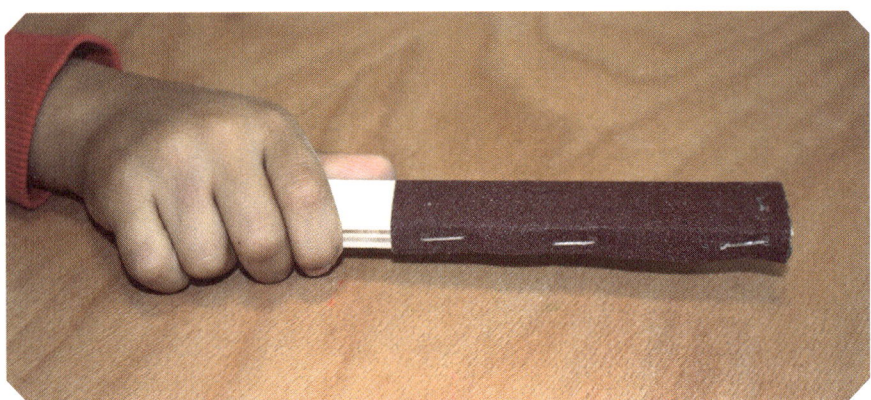

Schleifpapierfeile

Die Oberfläche des Griffs einer Feile wird mit dem „Wirkteil" der anderen bearbeitet. Auch die Ecken des Griffs werden abgerundet.

Ein besonders schönes Beispiel für solch eine Idee liefert Möller: „Die Kinder stellen ein Werkzeug selbst her, das sie im folgenden Unterricht gebrauchen werden: Sie bauen eine Schleifpapierfeile. Dazu wird eine Holzleiste mit Schleifpapier umspannt; dieses wird auf Holz mit Heftzwecken [z.B. Reißnägeln] befestigt. An diesem Beispiel lernen die Kinder, dass Werkzeuge einen Griff und ein Wirkteil haben" (Möller, 2016, S. 219).

Möller stellt diese Idee für Grundschulkinder der ersten Klassenstufen vor. Solch eine Schleifpapierfeile begeistert aber auch jüngere Kinder und lässt sich bereits mit Kindern im Alter von fünf und sechs Jahren problemlos realisieren.

Anstatt mit Reißzwecken kann das Schleifpapier auch mithilfe eines Bürotackers befestigt werden. Sollte das Schleifpapier abstumpfen, so lässt es sich leicht auswechseln. Dazu werden die Heftnadeln mit der Kombizange gegriffen und entfernt.

Stabpuppe – Spielzeug selbst gemacht

Möchten Sie es den Kindern ermöglichen, vielfältige handwerkliche Tätigkeiten, etwa Sägen, Schleifen, Leimen, Schrauben oder Nageln einzusetzen, dann bietet sich der Bau verschiedener Holzstabpuppen an (z.B. mit dem Material von: Wehrfritz, n. d.). Vielleicht kann damit zugleich der Werkzeugführerschein gemacht werden. Kreativität ist jedenfalls angesagt.

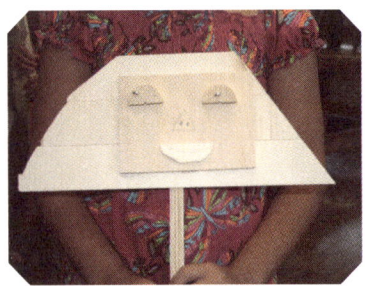
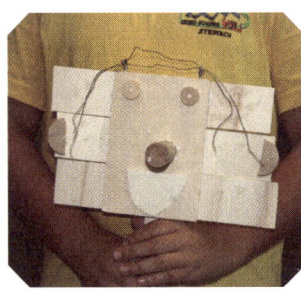

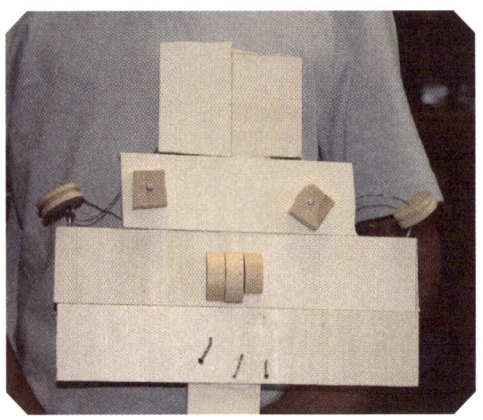

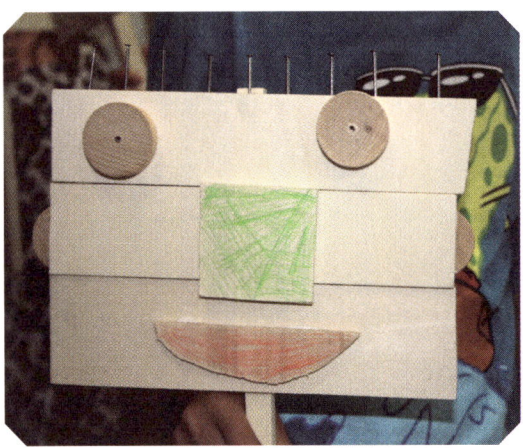

Alles ist möglich, jede Idee kann ausprobiert werden. So entstehen vielfältige Puppengesichter.

‖‖‖‖‖‖ Werkzeugführerschein

Ein besonderer Höhepunkt am Ende einer „Werkzeugkunde" könnte eine „Werkzeugführerschein-Prüfung" sein. Kinder sind sehr stolz darauf, wenn sie eventuell sogar im Rahmen einer kleinen Feier, ein mit ihrem persönlichen Namen versehenes Zertifikat ausgehändigt bekommen.

Natürlich sollte in der Kita ein realistischer Blick auf das Machbare nicht fehlen und das Ganze sollte vor allem auch Freude bereiten und nicht mit einem wie auch immer gearteten „Prüfungsstress" verknüpft werden.

Insgesamt bietet es sich an, dass der Nachweis über die Fertigkeiten und Kenntnisse im sachgerechten Umgang mit Werkzeugen in Form der Anfertigung eines „Gesellenstücks" (z.B. eines kleinen Vogelhäuschens oder einer Stabpuppe) erbracht wird.

Werkzeugführerschein

Hiermit wird bescheinigt, dass

. . . .

den Umgang mit Werkzeugen prima beherrscht.

Das hat . . . . gezeigt,

indem sie/er eine/n . . . . angefertigt hat.

Dabei wurde das Werkzeug pfleglich behandelt, korrekt verwendet und alle Sicherheitsregeln wurden beachtet. In der Partnerarbeit haben sich alle geholfen.

. . . .

Ort, Datum, Stempel und Unterschrift

Tipps vom Profi

Oft gibt es in der Kita-Einrichtung Eltern und Großeltern, die über enormes Expertenwissen im Hinblick auf technische Arbeiten verfügen. Vielleicht kann ein Großelternteil besonders gut nähen und stricken, ein Elternteil versteht sich auf das Korbflechten mit Peddigrohr, auf Schmuckgestaltung oder auf Töpfern. Es ist auch gut möglich, dass es Personen gibt, die klassische Handwerksberufe wie Elektriker, Fliesenlegerin, Klempner, Schlosserin oder Maurer usw. gelernt haben und die passende Professionalität mitbringen.

Insgesamt ist es einfacher als vielleicht zunächst gedacht, Eltern oder Großeltern für einen Besuch in der Kita zu gewinnen, wenn diese gezielt angesprochen werden.

Im Vorfeld wird dabei gemeinsam geklärt, bei welchen Arbeiten die Experten gezielt helfen können und welche Arbeiten die Kinder dabei erlernen. Die Freude und das Geschick, welches die Kinder dabei an den Tag legen, sind den Gästen meist Lohn genug. Für die Kinder ist es ebenso wie für das gesamte Team eine besondere Bereicherung, wenn etwa ein Schreinermeister mit seinem Auszubildenden zeigt, wie man richtig nagelt oder sogar Holzstelzen fachmännisch herstellen kann.

Besuch vom Schreinermeister

„Wenn du vorne an der Raspel mit der linken Hand Druck ausübst, geht es viel besser."

Die beiden Mädchen bauen unter Anleitung Stelzen. Die beiden Jungen bereiten den Nageligel vor, indem sie die Kanten „brechen".

Die fertigen Objekte können schon bald bewundert werden.

Mit Stelzen zu laufen ist zwar nicht ganz leicht, gelingt aber mit etwas Hilfe und Übung recht schnell. Die langen Stangen vermindern die Verletzungsgefahr.

Von hier nach da:

Transport und Verkehr

Tomaten oder Kiwifrüchte können wir das ganze Jahr über kaufen. Doch woher und vor allem, wie kommen sie im Winter in die Obstregale in den Geschäften? In dieser Jahreszeit wachsen sie in unseren Breitengraden nicht. Kommen sie mit dem Lkw, dem Schiff, dem Zug oder womöglich sogar mit dem Flugzeug? Grundsätzlich ist es so, dass wir ohne Verkehr keine lebenswichtigen Waren einkaufen könnten. Ein Leben ohne Transportmöglichkeiten ist kaum vorstellbar. Mobilität und Transportwesen haben aber auch eine Kehrseite: Jeder stand zum Beispiel schon einmal im Stau, musste an einer Fußgängerampel warten und dabei vielleicht husten, da die Luftqualität so schlecht war.

Das zweite Themenfeld beinhaltet alle sachtechnischen und organisatorischen Maßnahmen, die bewirken, dass Menschen und Güter auf dem Lande, in der Luft und zu Wasser transportiert werden. Natürlich gehören auch alle Themen, die als Konsequenz des Verkehrs- und Transportwesens zu betrachten sind, dazu, ebenso wäre es etwa auch wert, im Kindergarten eine geschichtliche Betrachtung – wie reisten die Menschen früher, wie heute? – zu thematisieren. Der Wunsch, sich mit diesem Thema näher zu beschäftigen, lässt sich bei Kindern aufgrund ihrer Alltagserfahrungen schnell motivieren. Vielleicht berichtet ein Kind darüber, dass es mit den Eltern im Stau gestanden hat. Vielleicht haben die Kinder aber auch beobachtet, dass Naturflächen dem Straßenbau weichen müssen oder ein Kind erzählt, wie schwer die Koffer waren, die die Familie bei ihrer vergangenen Bahnreise schleppen musste. Viele Kinder kennen auch Automodelle und haben Begriffe wie Elektroauto, Höchstgeschwindigkeit und PS schon gehört.

Der Wunsch, Fahrgestelle bzw. Räderfahrzeuge selbst zu bauen, steht jedenfalls bei diesem Handlungsfeld schnell im Vordergrund.

Die sich daran anschließende Vorgehensweise im Rahmen einer Konstruktions- bzw. Werkaufgabe sollte dabei weitgehend offen sein und lässt sich durch folgende Begriffe beschreiben:

- experimentieren
- tüfteln
- optimieren
- ausprobieren
- Probe handeln

Welche technischen Konstruktionen oder damit verbundenen Probleme dabei entstehen, lässt sich im Voraus kaum vorhersagen und hängt sehr wesentlich davon ab, welche Materialien den Kindern angeboten werden.

Vom Abfall zum Auto

Arbeiten die Kinder mit Alltags- bzw. Wegwerfmaterialien, die sie eventuell selbst über einen etwas längeren Zeitraum sammeln, können ganz unterschiedliche Ergebnisse entstehen. Als Ausgangsmaterial bietet sich zum Beispiel Folgendes an: (saubere) Tetrapacks, CDs, (runde) Deckel, Schachteln in allen Größen, Dosen, Stifte (für Achsen)

Die Ergebnisse könnten vielleicht so aussehen:

 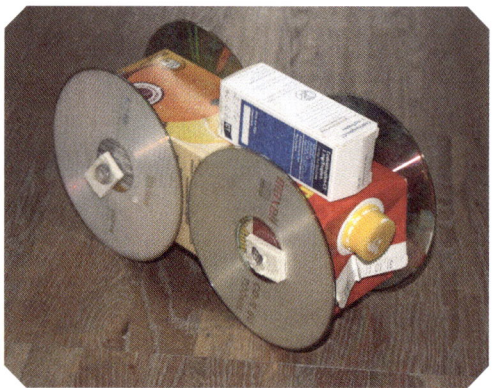

TIPP

Eltern um Mithilfe beim Sammeln
von Bastel-Abfall bitten

Bei solch einem Vorgehen steht nicht das Optimieren der Fahreigenschaften im Vordergrund, sondern vielmehr die Frage, mit welchen vermeintlich wertlosen Teilen es gelingen kann, ein rollendes Auto zu konstruieren. Die Wiederverwertung wäre hier ein Thema und so kann hier auch eine thematische Brücke zur Entsorgungstechnik geschlagen werden.

Ohne Räder rollt nichts

Stellt man den Kindern Halbzeuge zur Verfügung – darunter versteht man in der Technik vorgefertigtes Rohmaterial, hier also etwa Rundstäbe aus Holz, Holzscheiben und Sperrholzbrettchen – so werden die erzielten Ergebnisse in aller Regel stabiler und funktionstüchtiger. Weiter werden Verbrauchsmaterialien wie Schrauben, Schraubösen (Ringschrauben), Nägel, Holzleim, Klebeband, Nägel usw. benötigt. Jetzt werden noch die Standardwerkzeuge wie Säge, Hammer, Schraubendreher und ein Schraubstock gebraucht und schon kann es losgehen.

Beginnen die Kinder Fahrzeuge zu bauen, so sind es die vier Räder, die für sie das hervorstechende Merkmal, also das zentrale Bau- und Funktionselement darstellen. Ein Fahrzeug ohne Räder – unvorstellbar.

Mein Fahrgestell

Eine Herausforderung ist die Verbindung von Achse und Rad. Dabei können die Kinder auch einfach experimentieren. Sind Holzräder mittig vorgebohrt, so können sie fest auf ein Rundholz gesteckt werden.

Ein Lösungsvorschlag, der vielleicht aufkommt, ist es, die Holzachsen mit den Holzrädern festzukleben. Nachdem der Holzleim getrocknet ist, merken die Kinder im Test jedoch rasch, dass das Fahrgestell nicht fährt, sondern lediglich „rutscht". Weder die Achse noch die Räder sind beweglich.

Eine raffinierte Lösung bringt der Einsatz eines Trinkhalms (als Lager), in den die Achse geschoben wird, sodass sie sich darin drehen kann. Alternativ können auch zwei Ösenschrauben eine Lösung bieten: Sie erfüllen die gleiche Lagerfunktion für die Achse wie ein Trinkhalm.

Wird eine Schraube eingesetzt, so ist zwar die Achse fest (die Achse entspricht der Schraube), aber die Räder selbst sind beweglich und drehbar. Es geht auch mit Pappuntersetzern als Räder, durch die Holzspieße als Achse gesteckt werden. Viele Ideen sind möglich und können hier ausprobiert und geprüft werden.

Um die Achse mit einem Rad zu verbinden, wurde zunächst diese Lösung gewählt. Gerade bei jüngeren Kindern ist solch ein Vorgehen möglich. Probieren zeigt: So kann das nicht funktionieren.

Diese Achsenkonstruktion sieht vielversprechender aus.

Kann das Festkleben der Achse mit den Rädern klappen? Einfach ausprobieren!

So könnte es klappen: mit einem Lager (ein Trinkhalm) für die Achse, die sich darin drehen kann.

Lösung mit Ösenschrauben

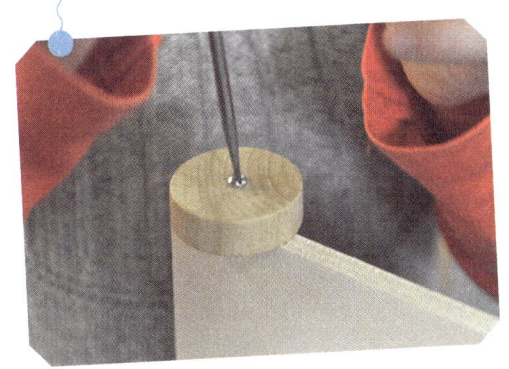

Lösung mit einer Schraube

Noch eine weitere Lösung: Jedenfalls rollen die Räder nun problemlos.

Hier eine Auswahl an Autos, die Kinder einer ersten Schulklasse selbstständig gebaut haben:

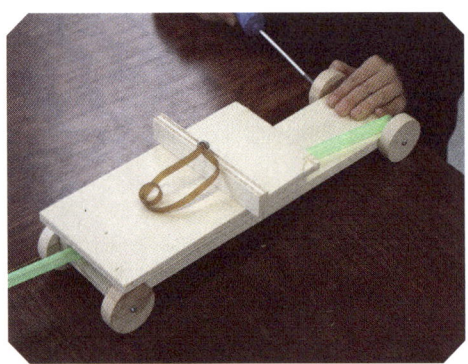

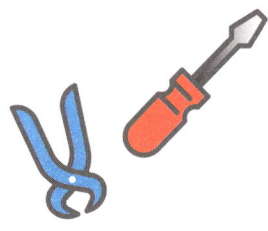

Nachdem verschiedene Fahrgestelle fertig sind, sollte natürlich ein Testlauf stattfinden. Dabei werden die Kinder feststellen, dass sich ihre Fahrzeuge unterschiedlich verhalten.

Die Fahrwerke werden auf einer schiefen Ebene getestet.

In der gemeinsamen Auswertungsphase zum Abschluss dieser Aktionen, nähern sich die Kinder dem an, was Technik in ihrem Kern ausmacht, und zwar indem sie Folgendes tun:

- Beobachten („Klasse, ist der schnell!", „Schaut mal, der fährt ja gar nicht los.")
- Überlegen („Woran kann das denn liegen?")
- Vermuten („Vielleicht sitzt eine Achse schief?", „Vielleicht stecken die Achsen nicht genau in der Mitte der Räder?", „Vielleicht können sich die Achsen nicht richtig drehen und haben eine zu hohe Reibung?", „Vielleicht berühren nicht alle Räder den Boden?", „Vielleicht ist das Loch für die Achse zu groß und sie haben zu viel Spiel?", „Drehen die Räder durch oder bewegen sich wackelig?", „Vielleicht schleifen die Räder am Fahrgestell oder an der Karosserie?", „Vielleicht sind die Fahrzeuge auch insgesamt zu leicht?")
- Verstehen („Ach, so geht das!")
- Beurteilen und Bewerten („Das ist der Beste / Schnellste / Langsamste / Schönste usw.?" „Was ist an dem denn anders und besonders?")
- Untersuchen und Analysieren („Schaut mal, wie Leonie und Gürsat das gelöst haben, die beiden haben das ja ganz anders gemacht.")
- Probezeigen („So könnten wir es viel besser machen!")
- Kommunizieren und Begründen („Das Rad dreht sich nicht, weil ...", „Das Fahrzeug rollt ja kaum, weil ...") usw.

Oft entsteht seitens der Kinder ein großes Interesse an einer thematischen Vertiefung, zum Beispiel im Wunsch nach dem Bau einer Lenkung oder eines Antriebs.

Diese beiden Jungen sind auf ihre Segelfahrzeuge sehr stolz.

Ohne Antrieb geht es nicht voran

Einen für Kinder besonders attraktiven Antrieb kann man mithilfe eines Luftballons konstruieren. Dieser Luft- oder allgemeiner: Gasantrieb funktioniert stets nach dem Rückstoßprinzip, der bei allen düsenangetriebenen Fortbewegungsmitteln zur Anwendung kommt, also etwa bei Flugzeugen oder Raketen bzw. Raumschiffen. Die Flugobjekte werden mit der identischen Kraft nach vorne beschleunigt, wie die Antriebsgase nach hinten ausgestoßen werden. Im schwerelosen Weltraum ist diese Antriebsart sogar die einzige Möglichkeit, eine Richtungs- oder Geschwindigkeitsänderung vorzunehmen.

⬤||||||| Raketenauto

Das Raketenauto funktioniert genau nach dem Rückstoßprinzip. Zum Bau benötigt man ein Fahrgestell, Luftballons, doppelseitiges Klebeband (um den Luftballon am Fahrgestell anzubringen) und eventuell kleine Röhrchen aus Papier oder Plastik. Diese Röhrchen kann man verwenden, um die Wirkung der Luftausströmung zu optimieren. Sie dienen dann als Strahldüse und lassen sich befestigen, indem sie zunächst in die Luftballonöffnung gesteckt und dann mit Klebeband umwickelt werden.

Der Antrieb geschieht über den Luftballon, der deshalb zuerst aufgeblasen werden muss. Alternativ kann die Luft auch anders als Antrieb verwendet werden, indem die Kinder etwa bei einem Segel das Segel anpusten und so das Fahrzeug vorwärtsbewegen. Das Rückstoßprinzip wirkt sich dann nur bei den pustenden Kindern aus – merken werden sie es wohl nicht.

Aufblasen muss sein.

„Wir zählen zum Start: 1, 2, 3!"

Antrieb per Pusten

|||||||| Seilbahn

Den Raketen- oder Luftballonantrieb kann man auch anderweitig zum Einsatz bringen, zum Beispiel für eine Seilbahn. Dazu benötigt man Luftballons, Klebeband, Stroh- oder Trinkhalme und eine dünne Schnur, im Idealfall eine Nylonschnur.

Vielleicht möchte man die Seilbahn auch noch optimieren, denn sie bewegt sich beim Loslassen des Luftballons sehr schnell, vielleicht haben die Kinder Lösungsvorschläge dafür. Eine einfache Idee ist es, wieder Röhrchen zu Düsen umzufunktionieren, um dadurch die Wirkung der Luftausströmung besser zu kontrollieren. Der Luftballon bewegt sich dann sowohl langsamer als auch sehr viel ruhiger bergauf. Die Kinder verwenden dabei die gleichen Trinkröhrchen, wie sie sie als „Trägerröhrchen" für den Luftballon selbst benutzten.

Bei Gesprächen über die Raketenseilbahn kam bei den Kindern die Frage auf, „wie denn das mit einem richtigen Ballon sei", der könne doch sogar Menschen transportieren. „Ist das auch mit Luft, so wie hier? Können wir einen bauen?"

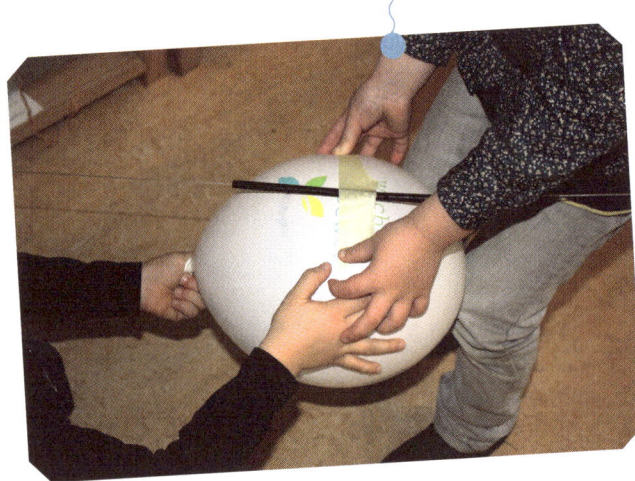

Das Material

Mit Röhrchendüse

Die Kinder meinten Heißluftballone. In der Geschichte der Luftfahrzeuge – denn dazu zählen sie – sind Heißluftballone die ersten, mit denen es Menschen gelang, den Luftraum als Verkehrsraum zu erobern. Sie nutzen jedoch nicht, wie von den Kindern aufgrund der Ähnlichkeit der Ballone zunächst vermutet, das Rückstoßprinzip, sondern die Auftriebskraft erwärmter Luft.

Nur heiße Luft?

Ein einfaches Experiment zur Auftriebskraft durch erwärmte Luft ist es, einen Abfallsack mit heißer Luft aus einem Föhn zu befüllen. Ob sich der Abfallsack aufrichtet oder sogar hochsteigt, hängt von drei Faktoren ab: der Außentemperatur, der Temperatur des warmen Luftstroms aus dem Föhn und schließlich dem Gewicht des (Abfall-)Sacks.

Bei dem Versuch, den die Kinder starteten, waren diese drei Komponenten nicht optimal ausgewogen (die Differenz der beiden relevanten Temperaturen war zu gering). Es gelang ihnen lediglich, den Ballon kurzzeitig in einen Schwebzustand zu bringen.

Auch wenn es nicht allzu schwierig ist, einen „echten" Heißluftballon zu bau-
en, so muss für die Kita davon abgeraten werden. Um einen solchen zum Flie-
gen zu bringen, benötigt man offene Flammen. Das gilt auch für den Kauf sogenannter Himmelslaternen.

„Wir befüllen den Müllsack mit warmer Luft aus einem Föhn." Funktioniert das?

Noch mehr Antriebsideen

Für die Kita eignet sich auch ein durch ein Katapult angetriebenes Fahrzeug. Den
Grund, warum sich ein Katapultauto nach dem Abschuss in Bewegung setzt, kann
man auch mit dem Rückstoßprinzip erklären. Physikalisch gesehen muss dazu zunächst die Spannungsenergie (im Gummi des Katapults) in Bewegungsenergie
umgewandelt werden: Der Gummi wird gedehnt und zieht sich dann sehr schnell
wieder zusammen. Dieses rasche Zusammenziehen bewirkt das Wegschleudern
des Geschosses.
Schnell wird den Kindern bei dieser Idee klar, dass eine Katapultschleuder nicht
unbedingt die beste Antriebswahl darstellt. Das Fahrzeug bewegt sich ruckartig in
die entgegengesetzte Richtung, dies jedoch nur wenige Zentimeter.
Natürlich lassen sich die aufgezeigten Antriebsideen auch auf das Medium Wasser
übertragen. Bei einem Boot kann mittels eines „Schaufelrads" ein Antrieb erzeugt
werden. Auch hier wird die Spannungsenergie des Gummis (er wird durch Drehbewegungen des Schaufelrads vorgespannt) in Bewegungsenergie umgewandelt.

Interessant und spannend ist der Katapultantrieb.

Antrieb im Wasser

Luftkissenfahrzeug

Auch wenn sich Luftkissenfahrzeuge sowohl für den Einsatz auf dem Wasser als auch auf dem Land eignen und vor allem, als solche auch wahrgenommen werden, so sind sie bei genauer technischer Betrachtung Luftfahrzeuge. Denn wie bei allen Luftfahrzeugen besitzen sie keinen direkten Kontakt zur Erdoberfläche. Sie schweben darüber.

Für Kinder ist es einfach, solche Schwebefahrzeuge zu bauen und es ist ein großer Spaß, sie gleich spielerisch auszuprobieren.

Vieles ist hier denkbar, aber Luftballons sind auf jeden Fall das Mittel der Wahl. Dann benötigt man noch:

- eine Einströmdüse, zum Beispiel ein durchbohrter Korken oder ein durchbohrter Flaschenverschluss
- CDs oder Joghurt-Becher, in die die Kinder mit der Handbohrmaschine mittig ein Loch bohren
- einen Schnellkleber, zum Beispiel Heißkleber

Wenn die Luft durch die Einströmdüse strömt, so wird das Fahrzeug angehoben und gleitet nahezu reibungslos über die Tischoberfläche. Ein einfaches Anpusten genügt, um es fortzubewegen.

*Das Luftkissen-
fahrzeug*

*Die Kinder experimentieren mit ver-
schiedenen Modellen.*

*Die Fahrt
geht los.*

● ||||||| Achtung Windböe!

Die selbst gebauten Luftkissenfahrzeuge können leicht für weitere Spielideen eingesetzt werden. Meist sind die Kinder kreativ im Erfinden passender Spielideen. Eine Idee könnte sein: Die Kinder sitzen zu viert an einem Tisch und jeweils drei versuchen, das Luftkissenfahrzeug beim vierten über die Tischkante hinaus zu bewegen – Achtung: Windböe! Der oder die Vierte versucht dies pustend zu verhindern.

Stein auf Stein:

Bauen und Wohnen

Seit es Menschen gibt, werden Behausungen und Schutzbauten geschaffen, um sich vor Witterungseinflüssen oder gefährlichen Tieren zu schützen. Auch bauen die Menschen seit jeher Überbrückungen über Bäche, Flüsse oder kleine Täler. Vor allem leben wir aber heute in keiner natürlichen, sondern in einer bebauten Umwelt. Wir sind nahezu ständig von ihr umgeben und werden durch diese zentral beeinflusst.

In diesem Kapitel wird – technisch gesprochen – sowohl an Inhalte der Bautechnik, also Baukonstruktionen des Hoch- und Tiefbaus, als auch an deren Nutzungen und die damit verbundenen Konsequenzen angeknüpft.

Übertragen auf den Kindergarten und die Kinder ist das Thema schnell: In jeder Kita gibt es Bauecken, in denen sich die Kinder ausprobieren können. Auch im Außenbereich bieten sich häufig Möglichkeiten, um Brücken im Sandkasten oder auch im Wasserspielbereich zu bauen.

„Als ob": Das Zebra braucht eine Brücke

Besonders motivierend ist es, wenn es gelingt, ein technisches Problem zu einem „echten Problem" zu machen. Hier bieten sich einfache Fantasiegeschichten an, die die Kinder in eine „Als-ob"-Spielsituation versetzen. In der Entwicklungspsychologie bzw. Spielpädagogik ist der Begriff des Als-ob-Spiels ein Fachbegriff. Er bezeichnet eine Spielform, bei der sich die Spielhandlung nicht in der Realität bewegt. Im Spiel wird eine andere, spannende Realität konstruiert, innerhalb der sich

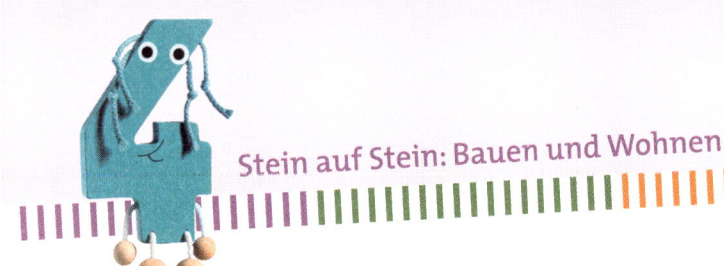

die Spielakteure bewegen. Solche Spielsituationen können auch für die Inhalte in diesem Kapitel inszeniert werden. Minimale Ideen-Impulse genügen, um den Spiel- und Lernprozess sowohl in Gang zu setzen als auch aufrechtzuerhalten.

Die Formulierung minimaler „Ideen-Impulse" sollte jedoch nicht mit „minimalen Interaktionen" verwechselt werden. Zwar ist es wichtig, die Kinder selbstständig nach Lösungen suchen zu lassen. Genauso wichtig ist es jedoch, diesen Prozess mit Zuwendung und Aufmerksamkeit sprachlich zu begleiten.

Auf diese Weise lässt sich auch am Sprachschatz arbeiten bis hin zur Verwendung von (Fach-)Begriffen. Für die Kragsteinbrücke etwa können die Begriffe Mauerverband, Gleichgewicht, Gegengewicht, eventuell sogar Lager oder Auflager, Kragsteine, Auskragung, Kragbogen (falscher Bogen) oder Kragsteinbrücke im Gespräch genutzt und gemeinsam an den Beispielen mit Sinn versehen werden.

●||||||||| Ausgangsgeschichte: Alex sucht einen Weg

Eine Ausgangsgeschichte könnte so gehen:

„Das Bergzebrafohlen Alex war heute besonders neugierig. Es ist schon früh am Nachmittag mit ein paar Freunden aufgebrochen und hat ein paar spannende Abenteuer in der afrikanischen Bergwelt erlebt. So langsam bekommt das kleine Fohlen aber Hunger und alle entscheiden, gemeinsam den Heimweg anzutreten. Alex vermisst auch ein bisschen seine Mutter.

Plötzlich stehen sie vor einem Tal, aber der Berg fällt viel zu steil ab – hier können sie nicht einfach hinunterlaufen. So ein Pech, auf der anderen Seite kann man schon den Rest der Zebraherde und auch Alex' Mutter sehen. Was sollen sie jetzt nur machen?

Können wir Alex und seinen Freunden helfen, den Abgrund sicher zu überqueren? Wie kommt Alex schnell zu seiner Mutter?"

Aus einer fachlich abstrakten Konstruktionsaufgabe wird, gleichsam als methodischer Kniff, ein konkretes „Alltags"-Problem, welches es zu lösen gilt. Es ist den Kindern sofort begreiflich und sie beginnen mit großem Eifer. Es geht ihnen darum, das Tal so zu überbrücken, sodass Tiermutter und Kind bzw. die Herde wieder zusammenfinden. Hier braucht es keine erklärenden Worte mehr und vor allem auch keine zeichnerische Darstellung zur Verdeutlichung.

Die Geschichte wird in der Kita für die Kinder real, indem das Tal bzw. der Abgrund zum Beispiel durch zwei Stühle oder kleine Tische verdeutlicht wird. Für die Bewältigung des technischen Problems der Überbrückung wird passendes Baumaterial zur Verfügung gestellt. Die für die Überbrückung bereitliegenden Baumaterialien

sind jedoch jeweils einzeln zu kurz, um sie als Balken über die Lücke legen zu können – und dies ist das eigentliche technische Problem. Vom Material hängt dann auch ab, wie im Einzelnen vorgegangen wird. Hier werden zwei Beispiele vorgestellt: Holzbrettchen und Papier.

Holzbrücke für Alex – Kragsteinbrücke

Als Baumaterial stehen den Kindern gleichförmige Holzbrettchen zur Verfügung, die sich – falls sie nicht als Bauklötze in der Kita bereits vorhanden sind – auch leicht selbst herstellen lassen. So lassen sich etwas dickere Holzleisten leicht in gleich lange Bausteine sägen (z. B. mit einer Länge von 10 cm). Die Kinder können jedoch auch Bücher oder Streichholzschachteln als Mauersteine zweckentfremden.

1. Schritt: Im Versuch stellen die Kinder fest, dass ein Baustein allein für die vorgegebene Länge zu kurz ist. Indem zwei Bausteine über die Kanten gelegt werden, wird die Lücke zwar überbrückt. Die Bausteine kragen nun über. Jedoch zeigt ein erstes Probehandeln, dass die Bausteine beim Schließen der Lücke nicht halten und kippen. Die Konstruktion stürzt in sich zusammen.
Mit zweien klappt es also auch nicht so einfach, obwohl diese von der Gesamtlänge her betrachtet ausreichen würden. Ein statisches Problem ist erkannt und das Problem auch zugleich eingegrenzt. Was ist zu tun? Anderes und längeres Material suchen? Nein, denn keines ist vorhanden. Stützen in die Mitte bauen? Das Tal ist zu tief. Es braucht andere Ideen.

Wie kann das Kippen der übereinander kragenden Klötze verhindert werden?

Wie kann die Schachtel so weit vorstehen, ohne herunterzufallen? Das muss genauer untersucht werden.

Der Blick ins Innere bringt die Erkenntnis: durch Gewichte!

Hilfestellung: Um den Problemlösungsprozess zu unterstützen, kann eine Hilfestellung angeboten werden. Dazu präparieren die Erwachsenen eine Schachtel so, dass sie innen Gewichte (z. B. große Schrauben mit Muttern) enthält, die auf einer Seite angeklebt sind. Die so vorbereitete Schachtel wird im Experiment soweit in Richtung des gegenüberliegenden Holzbrettchens geschoben und zwar mit der unbeschwerten Seite, dass sie gerade noch hält.

Wieso nur fällt nun die Schachtel nicht herunter? Egal, von welcher Seite sie von außen betrachtet wird, das Geheimnis der Schachtel offenbart sich nicht. Ein kognitiver Konflikt ist entstanden. Ein Blick in die Schachtel und auf die festgeklebten Gewichte bringt den Lösungsansatz.

2. Schritt: Die Kinder erkennen, dass das Kippen der Bausteine am Auflager verhindert wird. Sie können auch mit der Hand oder mit einzelnen Fingern auf die Bausteine an der Tischkante drücken. Das Problem wird nun nicht nur visuell, sondern auch haptisch wahrgenommen. Wie kann also dauerhaft Druck auf die Bausteine ausgeübt werden?

So kippt der Baustein nicht.

3. Schritt: Die Kinder kommen über Versuche selbst zum Lösungsweg: Die Bausteine werden nicht nur zu Überbrückung, sondern auch als Gegengewichte benutzt. Das Kippen kann so verhindert werden, weil nun dauerhaft ein Druck auf der richtigen Seite der Bausteine ausgeübt wird.

So kann das Kippen verhindert werden.

Die Brücke wird optimiert, indem die Bausteine in einen größeren Mauerverbund in mehreren Lagen gesetzt werden.

„Ich sehe das ganz anders. Ein Zebra braucht einen Aussichtsturm."

Auch wenn ein technisches Problem gemeinsam handelnd gelöst ist, wird doch klar, dass es für die Kinder bei der „Als ob"-Geschichte vor allem um eines ging, nämlich darum, den Zebras zu helfen. Alles Handeln bleibt in diesem Setting ein Spiel.

Wir können beobachten, dass der Abschluss solch einer thematisch begrenzten Konstruktionsaufgabe der Anlass für weitere Themenfindungen im Kontext des Handlungsfeldes „Bauen und Wohnen" bilden kann. Die Fantasie, die Neugierde und die Interessen der Kinder stehen dann im Vordergrund, bei aller Schwierigkeit, sie vorhersagen zu können.

Im Anschluss können sich viele weiterführende technische Wege eröffnen. Die Kinder könnten Brückenbauweisen ausprobieren, weil sie etwa Brücken kennen, die anders aussehen und gebaut sind. Hier zeigt sich schon im Kleinen, dass Brückenkonstruktionen zu den faszinierendsten baustatischen Phänomenen gehören.

⬤ IIIIIIII Papierbrücke für Alex – Profile

Ein alternatives Material für den Brückenbau kann Papier sein, es ergibt sich eine ganz andere statische Frage, die eher für ältere Kinder geeignet ist. Um den Zebras zu helfen, stehen den Kindern lediglich drei DIN-A4-Bögen zur Verfügung. Das glatte Papierblatt hält das Spielzeug-Zebra nicht, welche Lösung kann es nun geben? Gefaltetes Papier gewinnt an Festigkeit, das können die Kinder selbst gut ausprobieren. Werden zwei Blätter zu einem Fächer- oder Zickzackprofil gefaltet, könnte auch eine Elefantenherde den Abgrund überqueren.

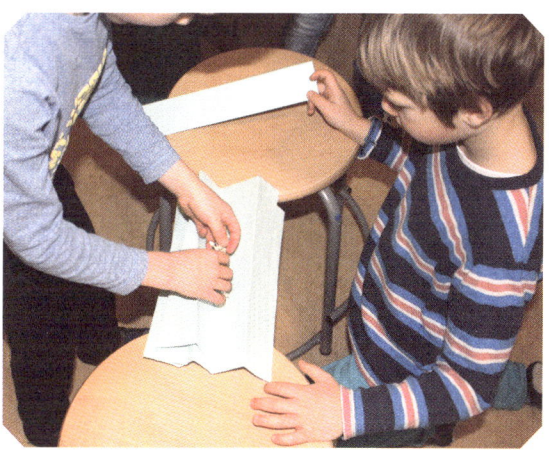

Nach einigem Ausprobieren: So könnte es klappen.

Kann das funktionieren? So auf jeden Fall nicht.

So klappt's: Faltung zu einem Fächer- oder Zickzackprofil.

⬤ |||||||| Was ist stabil?

Um ein Gefühl für die Stabilisierungseffekte eines Profils zu bekommen, können die Kinder versuchen, eine Leiste hochkant zu biegen. Das wird nicht gelingen. Dagegen ist eine quergelegte flache Leiste auch für jüngere Kinder schon leicht zu brechen.

Keine Chance, die Leiste hochkant zu biegen.

Quergelegt – was für ein Unterschied.

Die quergelegte Leiste lässt sich nicht nur biegen, sondern auch brechen.

Rund um die Baustelle

Beim Thema Bauen und Wohnen ist die „richtige" Baustelle um die Ecke eine gute Gelegenheit, um Einblicke auf andere Art in das Thema zu bekommen. Vielleicht kommen die Kinder auch auf die Idee, dass das Bauprinzip der Auskragung ebenso in anderen Kontexten vorkommt. Es ist zwar so, dass es in der Lebenswelt der Kinder wahrscheinlich nur sehr wenige Kragsteinbrücken gibt. Ganz anders verhält es sich jedoch mit dem Phänomen der Auskragung als einem allgemeinen Konstruktionsprinzip der Bautechnik. Dieses spielt im Bauwesen weiterhin eine wichtige Rolle, zum Beispiel bei Balkonen oder auch in modernen Bauwerken, bei denen ganze Stockwerke oder Geschosse auskragen. Hier finden sich sicherlich Anknüpfungspunkte, um eine Exkursion auf eine Baustelle zu planen.

Was gibt es auf der Baustelle?

Die Organisation eines Baustellenbesuchs kann sich einfach gestalten. Am besten wird im Vorfeld eine Baustelle in der Nähe aufgesucht und direkt mit dem Bauherrn bzw. Bauleiter die Besuchsmöglichkeit besprochen.

In der Nachbarschaft des Kindergartens befindet sich eine Großbaustelle.

Mit einem Fahrmischer, also einem Lkw, wird der frische Beton angeliefert. Anschließend kommt der Beton in einen Betonkübel, wie hier zu sehen, und wird danach mit dem Kran hochgezogen.

Die Isolation mit Dämmmaterial wird später durch den Putz überdeckt.

Das können die Kinder erfahren:

- Wie finden wir uns auf der Baustelle zurecht? Was ist ein Rohbauplan?
- Mit was wird gebaut? Wie kommt das Material in die oberen Stockwerke?
- Wie kommt der Beton auf die Baustelle und dann an die richtige Stelle im Bauwerk?
- Wie wird das Haus vor Nässe und Kälte geschützt (Isolation)?
- Was sieht man beim Bauen, was man beim fertigen Gebäude nicht mehr sieht?
- usw.

Die Kinder werden bei dem Besuch einer solchen „echten" Baustelle mit Begeisterung dabei sein. Bei einer Abschlussbesprechung werden sicher viele Fragen auftauchen: Wie geht das alles weiter? Wann ist das Haus fertig? Kommen die Stützen wieder heraus? Wozu sind sie da? Woher kam der große Kran? Wie kommt er wieder weg? Wann werden die Fenster und die Türen eingebaut? Vielleicht kann der

Bauherr auch erklären, in welcher Reihenfolge die verschiedenen Gewerke beim Bau eines Hauses tätig werden.

Interessant ist ebenso, welche technischen Berufe auf einer Baustelle benötigt werden: Maurerin, Zimmerer, Elektronikerin, Klempner, Anlagenmechanikerin für Sanitär-, Heizungs-, und Klimatechnik, Maler und Lackierer, Fliesen-, Platten- und Mosaiklegerin, Dachdecker usw.

Nicht weniger interessant sind die Werkzeuge, die dort verwendet werden: Mauerkellen, Schubkarren, Malerpinsel, Meterstäbe, Wasserwaagen, Lot mit Senkblei, Nagelzieher usw.

Schließlich sind auch die Maschinen, die auf einer Baustelle zum Einsatz kommen, sehr interessant: Schlagbohrmaschinen, Rüttler, Nivelliergeräte, Elektrotacker, Betonmischmaschinen, Steinsägen, Kräne, Bagger usw.

Auch daraus können neue Ideen für Bauaktionen entstehen, zum Beispiel das Nachbauen eines Krans oder Baggers in der Kita.

Oder vielleicht entsteht auch die Frage, wie Beton gemacht wird. Können die Kinder das auch? Was könnten die Kinder mit Beton anfangen?

Flüssige Steine – Beton

Ohne Beton wäre in unseren Tagen Bauen nicht vorstellbar. Beton besitzt einen typischen Geruch, der auf nahezu jeder Baustelle gut wahrzunehmen ist. Egal, ob beim Bau eines Wolkenkratzers, eines Tunnels oder einer modernen Balkenbrücke, stets spielt er eine zentrale Rolle. Wird etwa ein Haus gebaut, so beginnen die Arbeiten damit, eine Baugrube auszuheben, um darauf eine betonierte Bodenplatte zu legen. Beton selbst besteht in seiner Grundform aus zerriebenem Kalkstein oder Ton sowie Sand, Kies und Wasser.

Dabei lässt sich die Geschichte des Betons viele tausend Jahre zurückverfolgen. Bereits vor rund 14.000 Jahren haben Handwerker in Mesopotamien eine Art Beton aus gebranntem Kalk hergestellt und verbaut, was durch Mörtelfunde belegt ist. Es wird zum Beispiel auch vermutet, dass die Ägypter gebrannten Kalk beim Bau ihrer Pyramiden mitverwendet haben. Vor allem jedoch erkannten die Römer den Nutzen und die besonderen Qualitäten des neuen Baustoffs für ihre großen Straßen- und Gebäudebauprojekte. Nicht zuletzt leitet sich auch das heutige Wort Zement – er ist in Form gebrannten Kalksteins der wesentliche Bestandteil des Betons – aus dem lateinischen Wort für diesen Baustoff ab, nämlich *caementum*.

Beton eignet sich nicht nur für das Bauen auf einer Großbaustelle, sondern ebenso für viele kreative Aktionen im Kindergarten, zum Beispiel zum Herstellen einer

TIPP

Inspirationen für
Betonarbeiten im
Internet suchen

Verschalung für einen Pflanzentrog, die dann mit flüssigem Beton ausgegossen wird. Oder wie wäre es mit einem Kerzenhalter, Untersetzer, Windlichtgefäß, einer Skulptur, einer Vase oder einer Schale?

Für das Arbeiten mit Kindern ist die Möglichkeit, auf das Mischen von Beton aus Zement und Sand verzichten zu können, eine große Erleichterung. Das Angebot fertiger Bastel- oder Kreativbetonmischungen ist groß und der Umgang damit einfach.

Ein weiterer Vorteil ist, dass auch für die jüngeren Kinder diese Aktionen ein Erfolgserlebnis darstellen können, denn schon Kinder ab drei Jahren kommen zu guten Ergebnissen.

Kerzenständer und Co – Aktionen mit Beton

Für die Arbeit mit Beton werden Betonpulver, Wasser, Behälter und Holzlöffel zum Anrühren, Gießformen (z.B. unterschiedlich große Plastikbecher oder -formen aus dem Sandkasten), Speiseöl, Schutz für die Hände und Kleidung benötigt. In drei Schritten entstehen dann die Werkstücke.

1. Schritt: Beim Anrühren des Betons mit Wasser geht es darum, Betonpulver und Wasser zusammen in einem Behälter gut zu verrühren. Wie viel Wasser für das Betonpulver benötigt wird, ist in aller Regel auf der Verpackung des Aufbewahrungsgefäßes angegeben. Schüttet man das Wasser sehr vorsichtig und langsam dazu, so kann auch auf ein Abwiegen und Abmessen der Mengen verzichten werden.

2. Schritt: Die Verarbeitung des Betons steht unter Zeitdruck. Denn ist der flüssige Beton angerührt, beträgt die Verarbeitungszeit ca. 20 Minuten. Als

Gemeinsam wird angemischt.

Nächstes werden die Gießformen mit einem Pinsel mit einfachem Speiseöl eingefettet. Das Einfetten erleichtert das spätere „Entschalen".

Es ist sinnvoll, den angerührten Beton in kleinere Gefäße zum Gießen umzufüllen, damit die Kinder besser damit arbeiten können. Sind die Gießformen, wie etwa ein ausgedienter Trinkbecher befüllt, so wird noch eine Vertiefung hineingedrückt mit einer zweiten kleineren Form. Sie bildet später die Vertiefung, in die zum Beispiel Kerzen gesteckt werden können.

Die Kinder können auch mit dem Beton experimentieren und andere Formen ausgießen wie etwa einen Einweg-Handschuh oder Plastikschüsseln. In Absprache mit der Erzieherin sind hier viele Aktionen denkbar.

„Am besten wir schütten den noch flüssigen Beton zuerst in ein kleineres Gefäß."

Einpinseln mit Speiseöl

„Solltest du nicht besser einen Schutzkittel anziehen?"

In die Gießformen wird je eine zweite Form eingedrückt.

Mit Konzentration und Erfindergeist

*„Funktioniert auch
so etwas?"*

*Ausgetrocknet
und fertig*

*Stärken und Schwächen des
gegossenen Kunststeins*

3. Schritt: Einen Tag später ist es dann soweit: Die fertigen Betonwerke können bestaunt werden. Vielleicht ergeben sich hier auch Gespräche darüber, welche Formen gut funktioniert haben und wo es nicht so gut geklappt hat.

Beton ist bestens geeignet, hohe Druckkräfte aufzunehmen. Sein größter Schwachpunkt ist jedoch seine Zugfestigkeit. Beim Auftreten von Zugspannungen, die auch beim Abknicken entstehen, kann er schnell brechen bzw. reißen.

Da Stahl hingegen genau entgegengesetzte Eigenschaften besitzt (er lässt sich stark auf Zug, wenig jedoch auf Druck belasten), vereint eine Kombination aus beiden Materialien in idealer Weise die Vorteile beider Werkstoffe. Beim Stahlbeton handelt es sich um in Beton eingegossenen Stahl, der als Armierungs- oder Bewehrungsstahl bezeichnet wird. Bei der Baustellenbesichtigung konnten die Kinder beobachten, dass, bevor die Betondecken gegossen wurden, Armierungsstahl montiert wurde.

Übertragen auf die Ideen und Aktionen der Kinder heißt das: Wäre es möglich gewesen, in die Finger der Einweg-Handschuh ein Drahtgeflecht einzubringen, wären die beiden Finger wohl kaum abgebrochen. Aber vielleicht hätte dieses Ungeschick bereits durch eine vorsichtigere Handhabung mit der gegossenen Hand verhindert werden können.

Aus Alt mach Neu:

Versorgung und Entsorgung

Was brauchen wir an Gütern für unser Leben und wie werden wir damit versorgt? Das ist die eine Seite bei diesem Thema und die andere Seite beschäftigt sich damit, was mit den Gütern, die nicht mehr gebraucht werden, geschieht, also die Entsorgung und Wiederverwertung von Gütern. Alltägliche existenziell erfahrbare Grundprobleme bzw. deren Lösungen können für Kinder in der Kita einfach und gut zugänglich auch aus technischer Sicht aufgegriffen werden.

Dabei ist es nicht schwierig, spannende und bildungswirksame Zugänge zu finden. Was unter Versorgung zu verstehen ist, erschließt sich den Kindern schnell in Gesprächen über Güter, die sie täglich brauchen. Spricht man dagegen zum Beispiel Abfall und Müll an, so haben alle Kinder sicher schon einmal der Leerung von Abfalltonnen zugesehen.

Ein Einstieg ist also gut vorstellbar und hier finden sich Aktionen, wie die technische Seite des Themas eindrucksvoll in die erlebbare Welt der Kinder in der Kita eingebracht werden kann.

Was wir brauchen – Versorgung

Der Begriff Versorgung umfasst heutzutage nicht nur stoffliche Güter, wie etwa Kleidung, Lebensmittel, Möbel oder Trinkwasser, sondern ebenso Energie, zum Beispiel in Form von Strom oder Wärme oder auch eine funktionierende Netzabdeckung für den Mobilfunk. Wie existenziell das sein kann, zeigt sich etwa bei dem dramatischen Szenario eines längeren Stromausfalls und den möglichen Auswir-

kungen. Bereits ein ganz kurzer Stromausfall nach Einbruch der Dunkelheit kann ein Gefühl für die Wichtigkeit des Themas Versorgung hervorrufen. Vielleicht haben die Kinder das schon einmal selbst erlebt. Der Fernsehapparat ging möglicherweise ebenso aus wie das Licht. Alles wird ganz dunkel. Ein Leben ohne elektrischen Strom – auch für Kinder schwer vorstellbar.

Dabei ist zu beobachten, dass für jüngere Kinder technische Versorgungsleistungen (z. B. Strom, Internet, Handysignale, Wasser oder Wärme) in aller Regel einfach „irgendwie" immer da sind und sie empfinden dies als völlig selbstverständlich. Doch natürlich ist klar, dass dem nicht so ist.

Ohne Strom – was nun?

Können wir zum Beispiel in der Kita einen kurzen Stromausfall simulieren? Vielleicht schaltet dazu eine Kollegin oder ein Kollege nach vorheriger Absprache die elektrische Sicherung eines etwas verdunkelten Gruppenraums aus? Schnell entwickeln sich spannende Gespräche.

Das Erleben eines kurzen Stromausfalls lässt jedenfalls Neugierde über die Herkunft der Elektrizität entstehen und befördert Diskussionen, etwa über die Betrachtung der Vergangenheit, als es diese Versorgungsleistung noch gar nicht gab (z. B. Wie verlief die Geschichte der Beleuchtungstechnik von der Steinzeit bis heute?).

Hinweis

Sollte solch ein methodischer Impuls in Erwägung gezogen werden, dann sollte auf jeden Fall eine Taschenlampe oder Ähnliches griffbereit sein.

● |||||||| Wie war das früher?

Das gemeinsame Anschauen eines Buches über das Leben in der Steinzeit zieht jedes Kind in seinen Bann. Vielen Fragen kann dabei nachgegangen werden: Wie haben sich die Menschen in der Dunkelheit geholfen? Wie haben die Menschen gelebt, als es noch keine Glühbirnen, Energiesparlampen oder LED-Beleuchtungen gab? Wie verlief die Beleuchtungstechnik von der Steinzeit bis heute? Elektrischen Strom gab es in der Steinzeit noch nicht, aber gab es damals bereits Kerzen oder Gaslampen? Was haben die Kinder für Vorwissen, welche Vermutungen stellen sie an? Lässt sich das nicht prima bei Kerzenlicht erörtern?

Auch eine sich an diese Diskussion anschließende Internetrecherche lässt sich bereits mit etwas Hilfe gut im Kindergarten durchführen. Die Suche nach „Steinzeitmenschen und Feuer" zum Beispiel liefert viele spannende Bilder und Informationen. Wie haben die Menschen vor Urzeiten Feuer gemacht? Wie haben sie insgesamt gelebt? Was gab es in ihren Höhlen nicht, was für uns selbstverständlich ist?

Gewiss gab es kein elektrisches Licht (und natürlich auch keine Kerzen und Gaslampen), aber es floss auch kein Wasser aus der Duschbrause und der Toilettenspülung, es gab keinen Heizungsregler zum Regulieren der Höhlentemperatur, keinen Herd, um Speisen zu erwärmen, keine Funksignale für Fernseher, Internet oder Mobiltelefone usw.

Viele weitere Impulse sind denkbar. Brennt etwa das Licht bei der Fahrradbeleuchtung immer? Vielleicht kennen Kinder Fahrraddynamos oder haben beobachtet, dass eine Taschenlampe, bevor sie endgültig nicht mehr leuchtet, immer schwächer wird.

Es ist jedenfalls recht einfach, das Interesse der Kinder auf das Thema Elektrizität zu lenken.

Ausflug in die Elektrizität

Das Thema Elektrizität in der frühpädagogischen Aufbereitung kann sowohl auf bildliche Darstellungen mit Symbolen als auch auf quantitative Beschreibungen zentraler Begriffe verzichten. Wenn wir also mit Kindern über Strom sprechen, so kann das ohne die Einheit Ampere, bei Widerständen ohne die Einheit Ohm und bei Spannungen ohne die Einheit Volt geschehen.

Vielmehr geht es in der Kita um ein qualitatives Grundverständnis, was die drei elektrischen Grundbegriffe bedeuten bzw. was sich Kinder darunter vorstellen können. Weiterführende Begriffe, wie zum Beispiel die elektrische Leistung oder die unterschiedliche Verbraucheranordnung in Parallel- oder Serienschaltungen fließen in die Betrachtung allenfalls phänomenologisch mit ein.

● |||||||| Experiment zum Kribbeln

Möchten die Kinder erfahren, wie sich Strom anfühlt oder ob eine 4,5-Volt-Flachbatterie voll oder leer ist, so bietet sich ein Test mit der Zunge an. Er ist für gesunde Kinder ungefährlich, wenn einige Sicherheitshinweise beachtet werden.

Im Versuch werden nacheinander die Seiten der Batterie mit der Zunge berührt, solange spüren die Kinder nichts. Sie entdecken sehr schnell, dass beide Batteriezungen zugleich berührt werden müssen. „Irgendetwas" muss da wohl von der einen Seite zur anderen fließen. Für die Kinder ist ohne jede Erklärung klar: Das muss der Strom aus der Batterie sein. Er ist es, der von einer Seite zur anderen „strömt" und sich so kribbelnd bemerkbar macht.

Vielleicht haben einige Kinder schon einmal die Begriffe Plus- und Minuspol gehört und entdecken die aufgedruckten Zeichen „+" und „-". Sie können in diesem Versuch sehen, dass sich der Pluspol an der kurzen, der Minuspol an der langen Anschlusszunge der Batterie befindet.

Es gehört schon etwas Mut dazu, diesen Schritt zu wagen.

Aber jetzt wird es interessant, denn leer ist diese Batterie ganz offensichtlich nicht.

Hinweise

- Menschen mit Herzschrittmachern oder mit anderen stromversorgten Implantaten ist von diesem „Zungenkribbelexperiment" grundsätzlich abzuraten.

- Die „Anschlusszungen" der Batterie müssen vor der Berührung mit der menschlichen Zunge hygienisch gereinigt sein. Am besten steht für jedes Kind eine eigene Batterie zum Experimentieren zur Verfügung.

- Es gibt Kinder, denen dieser Versuch so viel Spaß bereitet, dass sie ihn oft wiederholen möchten. Auch wenn dieser Versuch, wie bereits erwähnt, risikolos ist, sollte er dennoch nicht allzu oft wiederholt werden. Bei sehr empfindlichen Geschmacksnerven könnte es bei zu häufiger Wiederholung passieren, dass diese kurzzeitig irritiert werden.

- Als Erwachsene stehen wir in der Pflicht, Kinder vor den Gefahren des elektrischen Stroms eindringlich zu warnen. Dieses Experiment kann dazu beitragen, Kinder für diese Gefahren zu sensibilisieren. Bereits den Hinweis, dass eine neue Blockbatterie (sie besitzt eine 9-Volt-Spannung) sich bereits unangenehm anfühlen kann, nehmen die Kinder sehr ernst. Jedenfalls muss den Kindern unmissverständlich erklärt werden:
Experimente an Steckdosen sind strengstens verboten!

Auch wenn es auf die Richtung der Polung bei den Experimenten nicht ankommt (die Zunge kribbelt natürlich auch, wenn sie vertauscht werden), so bietet es sich an, sich gemeinsam eine technisch plausible Modellvorstellung der Funktionsweise einer Batterie und eines Stromkreises zu „erspielen". Dabei können die beiden Grundbegriffe der Elektrizität – Strom und Widerstand – mit konkreten Handlungen verinnerlicht werden. Aber auch der dritte und wohl schwierigste Grundbegriff findet in diesem Modell eine Entsprechung, nämlich die Spannung.

⬤ ||||||| Wir spielen Batterie

Im Turnraum wird ein Parkour aufgebaut. Dazu werden zwei Turnkästen und lange Seile benötigt. Die beiden Turnkästen symbolisieren die beiden Pole einer Batterie. Die am Boden liegenden Seile markieren die „Stromleitung".

1. Spiel: Wie können Kinder sich den **Begriff Spannung** vorstellen?

Alle Kinder befinden sich eng zusammensitzend auf einer Seite des Batteriemodells und zwar am rechten Turnkasten. Da ihr Platz sehr beengt ist, möchten sie sich auf den Weg zur anderen Seite des Pfads begeben.
Die Spannung kann so interpretiert werden, dass es darum geht, wie eng die Kinder zusammensitzen oder -stehen müssen und infolgedessen wie groß deren Wunsch ist, auf die andere Seite zu gelangen:

- 🌿 „Ich will ganz unbedingt auf die andere Seite": große Spannung
- 🌿 „Ich will zwar hinüber, aber so dringend ist der Wunsch auch wieder nicht": geringe Spannung

2. Spiel: Wie können Kinder sich den **Begriff Strom** vorstellen?

Die Kinder selbst entsprechen bzw. deren Bewegung mit dem Ziel, auf die gegenüberliegende Seite zu kommen, entspricht dem elektrischen Strom.

Machen sich viele Kinder auf den Weg, so ist der Stromfluss groß, wenn es nur wenige oder gar ein einziges Kind ist, ist er klein.

Etwas plausibler wird es, wenn die Kinder nicht als Personen den Strom darstellen, sondern „Stromteile" bewegen.

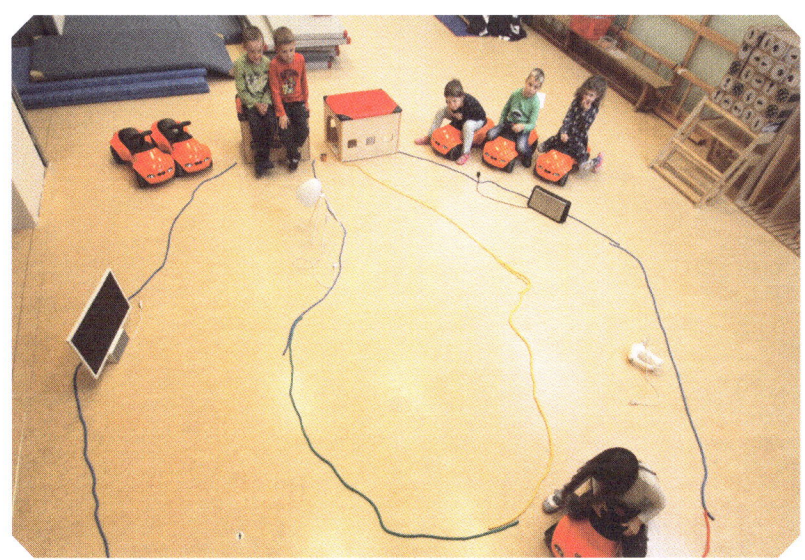

3. Spiel: Wie können die Kinder sich den **Begriff Widerstand** vorstellen?

Auf diesem Bild sehen wir „Widerstände", und zwar einen Bildschirm und eine Lampe.

Ist der Weg leer und breit, so ist es einfach, auf die andere Seite zu gelangen. Ist er jedoch eng und eventuell voller Hindernisse, ist es schwieriger und die Kinder müssen sich anstrengen.

Ins Elektrische übersetzt bedeutet dies:

- Breiter Weg, wenige Hindernisse: geringer Widerstand
- Enger Weg, viele Hindernisse: großer Widerstand

Und wer zusätzlich noch möchte:

- Körperliche Anstrengung: elektrische Leistung
- Hindernisse: Verbraucher, wie etwa Fernseher, Toaster usw.
- Keinerlei Hindernisse und ein breiter Weg, eine breite „Leitung" – oh je, ein Kurzschluss (der Strom könnte ohne jeden Widerstand fließen) …

Und wann ist die Batterie leer? Die Batterie ist genau dann leer, wenn die Hälfte aller Kinder auf der Gegenseite angekommen ist. Würden sich mehr als die Hälfe der Kinder auf den Weg machen, so müssten sie auf der neuen Seite beengt stehen. Die eine Hälfte hier, die andere dort: Das ist gerecht und es gibt keine „Spannungen" mehr in der Gruppe.

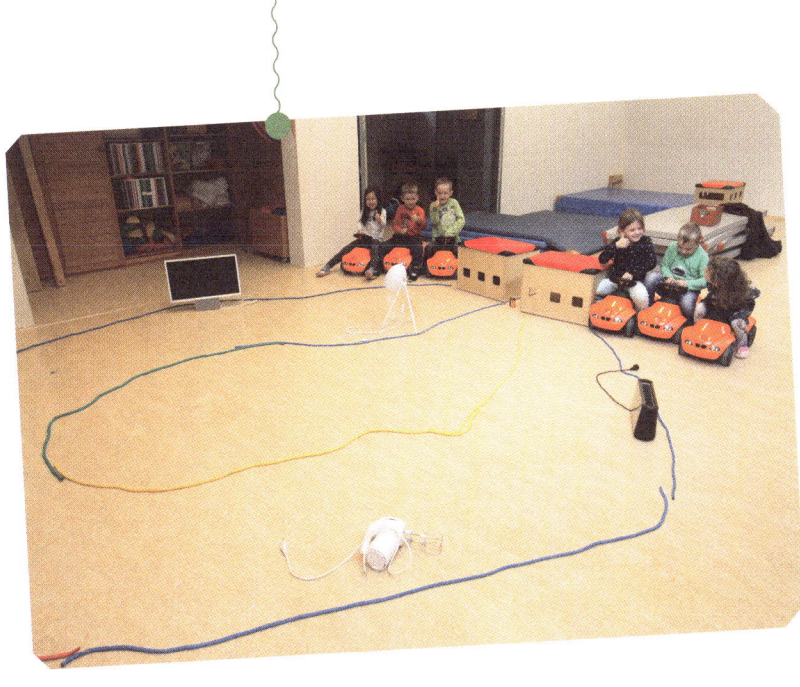

Drei Kinder auf der linken Seite der „Batterie", drei auf der rechten: Jetzt ist Schluss.

Auch der Begriff des Stromkreises findet bei dieser Aktion eine Anschauung. Er muss bei den Turngeräten „geschlossen" sein, sonst funktioniert gar nichts. Ob den Kindern diese Beobachtungen, diese Folgerungen, dieses Modell hilft, einen „echten" Stromkreis aufzubauen?

Lämpchen leuchte!

Die Kinder fühlen sich bei dieser Aktion unmittelbar vom Material angesprochen und brauchen kaum weitere Aufforderungen oder Erklärungen. Allen ist klar: Die Glühbirnchen sollten leuchten, dazu sind sie schließlich da.

Es bieten sich folgende Materialien an, die unkompliziert bei Schulbedarfsausstattern für den technischen Bereich bestellt werden können:

- Prüfleitungen mit Krokodilklemmen
- 4,5-V-Flachbatterien
- Zur Batteriespannung passende Glühlämpchen mit den entsprechenden Sockeln (Schraubfassungen)

Letztlich bringen die Kinder das Glühlämpchen zum Leuchten durch Probehandeln, Nachfragen oder auch Abschauen („Wieso leuchtet die Lampe bei dir und bei mir nicht?"), wenn sie genügend Zeit zum Ausprobieren haben.

Die Kinder produzieren automatisch und unabsichtlich auch Kurzschlüsse und merken dann, dass da etwas „Komisches" passiert. Sie entdecken quasi dieses Phänomen. Dabei können sie erfahren, dass die Fassung und gegebenenfalls auch die Batterie recht warm wird. Auch wenn die Batterie durch solch einen Kurzschluss schneller leer wird, so ist es sicher wertvoll, mit allen über diese Entdeckung zu sprechen.

*Das ist das
Material.*

IIIIIII Hinweis

- In der realen Technik besitzen Flachbatterien aufgrund ihrer Sperrigkeit kaum noch eine Bedeutung. Sie sind jedoch günstig und eignen sich ideal zum Aufbau von einfachen Stromkreisen. Wer elektrische Experimente dauerhaft in den Kita-Alltag integrieren möchte, ist jedoch mit wiederaufladbaren und damit ressourcenschonenderen Akkus besser bedient. Auch sie sind im Fachhandel zu beziehen.

- Gilt es gut leitende elektrische Verbindungen herzustellen, so ist für den Profi ein Lötkolben das Werkzeug seiner Wahl. Dennoch sollte dieses Werkzeug im Kindergarten nicht zum Einsatz gebracht werden. Einerseits wäre dies gefährlich und andererseits bedarf es einiger Übung, um diese Technik zu erlernen.

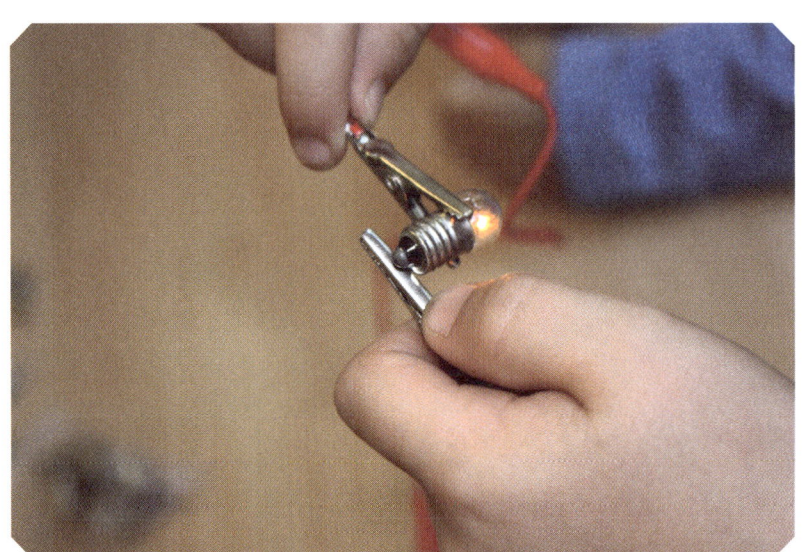

*Schon brennt das
erste Lämpchen.*

Kurzschluss: „Autsch, jetzt geht das Licht
aus und die Fassung wird ganz warm."

„Schau nur, ich habe
es geschafft!"

Variante 1: Jedes Glühbirnchen befindet sich in einem eigenen Stromkreis. Werden die Birnchen jeweils einzeln in einem separaten Stromkreis an die Batterie angeschlossen, so spricht man von Parallelschaltungen. Alle Birnchen leuchten hell.

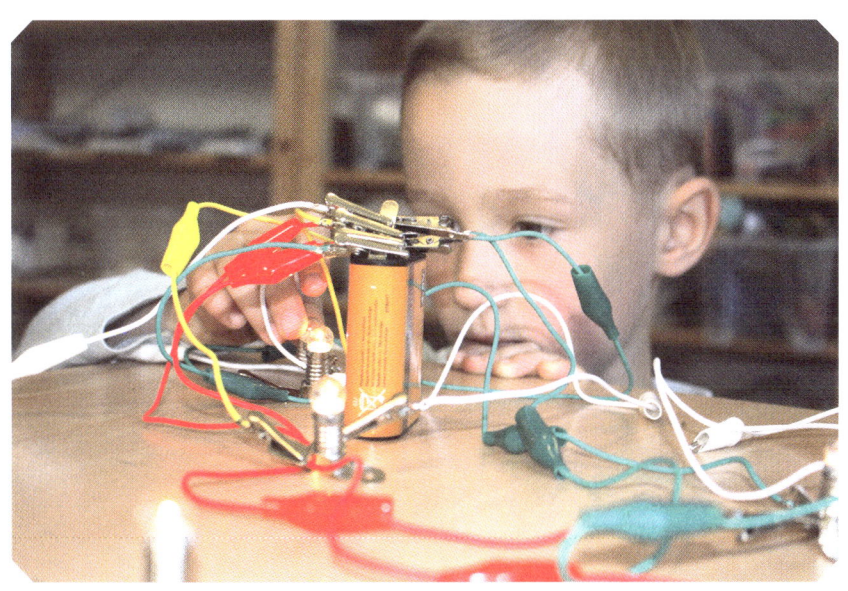

Parallelschaltung

Variante 2: Vielleicht kommen andere Kinder auf die Idee, die Glühbirnchen in nur einem Stromkreis hintereinanderzuschalten. Sie stellen dabei fest, dass mit jedem weiteren Birnchen deren Leuchtkraft geringer wird. Werden die Birnchen in einem einzigen Strang hintereinandergeschaltet und an die Batterie angeschlossen, so nennt man das Reihen- oder Serienschaltung.

Reihenschaltung

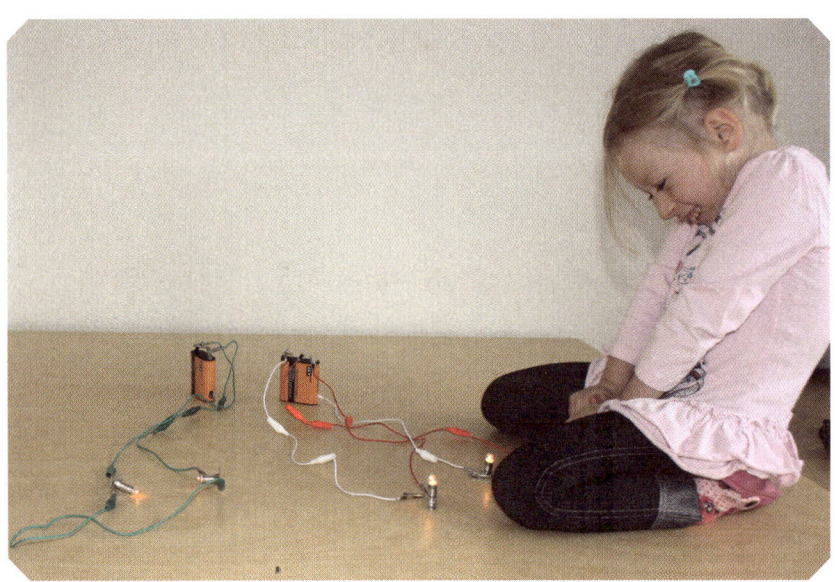

Links die Reihenschaltung: ein Stromkreis und die beiden Glühbirnchen leuchten schwächer. Rechts die Parallelschaltung: zwei unabhängige Stromkreise, die beiden Birnchen leuchten stärker.

Auch elektrisch – nach Plan gebaut

Hat den Kindern dieser Ausflug in die Elektrizität Freude bereitet, so könnte es sich anbieten, eine neue Methode des technischen Schaffens einzuführen, nämlich das Erledigen von Fertigungsaufgaben nach vorgegebenen Bau- bzw. Montageplänen. Bei diesem Aufgabentyp geht es darum, einen bereits fertig konzipierten Gegenstand nachzubauen bzw. herzustellen. Nicht das Probehandeln ist das didaktische Prinzip, sondern ein möglichst akkurates Nachahmen bzw. Nachbauen eines genau vorgegebenen technischen Gegenstandes.

Der Fokus früher technischer Bildung richtet sich natürlich grundsätzlich auf die kreative, problemlösungsorientierte und auf das eigene Erfinden ausgelegte Konstruktionsaufgabe. Dennoch wäre es ein Fehler, die Fertigungsaufgabe als Typus des technischen Produzierens ausblenden zu wollen. Es ist ein ureigener industrieller Bereich technischen Schaffens. Die Kinder können daran Konzentration und Durchhaltevermögen oder auch alltagsrelevante Kompetenzen wie das Zusammenbauen von Möbelstücken schulen. Ganz abgesehen davon sind die Kinder auch bei solchen Aufgaben oft mit Begeisterung dabei.

Ein weiterer Vorteil von Fertigungsaufgaben besteht darin, dass man sich schwierigeren Inhalten zuwenden kann – Inhalte, die für Kinder im Rahmen von Konstruktionsaufgaben nicht zugänglich wären.

Soll den Kindern also die Möglichkeit eröffnet werden, ein Werkstück genau nach Plan nachzubauen, dann sind Bausätze das Mittel der Wahl. Gerade für den Bereich elektrischer Grundlagen gibt es sehr gute Angebote auf dem Markt.

⬤|||||||| Der Stromflusstester

Ein schönes Beispiel für einen vorgefertigten Bausatz ist ein „Stromflusstester" (als Bausatz von JugendTechnikSchule, tjfbg). In Experimenten kann mit dem Tester herausgefunden werden, ob Strom fließt oder nicht.

Dank der präzisen Montageanleitung ist es für Erwachsene sehr einfach, ihn zusammenzubauen. Dazu braucht es keinerlei besonderer Vorkenntnisse und es ist unerheblich, ob man die elektronische Funktionsweise versteht oder nicht.

Kinder im Vorschulalter benötigen jedoch Unterstützung. Durch einfaches Vor- und Nachmachen gelingt es aber auch ihnen leicht, den Bausatz korrekt aufzubauen. Eine Methode des Anleitens besteht also darin, dass ein Erwachsener einen Tester zusammenbaut und die Kinder jeden der Schritte nachahmen. Schritt für Schritt, so klappt es am besten.

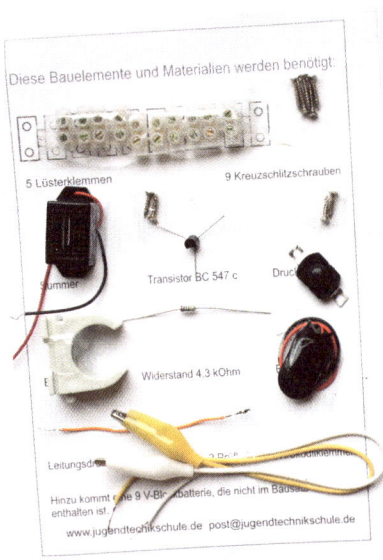

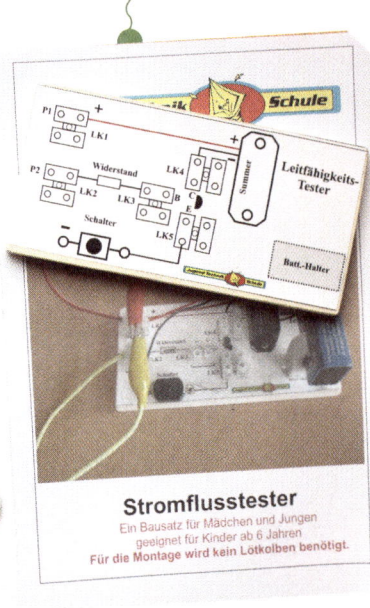

So sieht er aus,
der Tester.

Im Versuch können die Kinder Folgendes ausprobieren: zum einen, ob sie einen geschlossenen Stromkreis erzeugt haben, und zum anderen, wie gut der Strom darin fließen kann. Das kann an verschiedenen Stoffen ausprobiert werden wie an Metallen oder Flüssigkeiten. Ein akustisches Signal gibt Auskunft darüber, wie gut die Leitfähigkeit des Stoffes ist. In der Anleitung ist zu lesen: „Mit zunehmendem Widerstand – also bei geringerer Leitfähigkeit – wird der Ton leiser und tiefer. Wenn gar nichts mehr zu hören ist, haben wir es mit einem Nichtleiter – einem Isolator – zu tun, der dem Strom einen unüberwindlichen Widerstand entgegensetzt."

Die Kinder können zum Beispiel mit Leitungswasser oder mit einer Glühbirne testen. Besonders schön ist auch die Möglichkeit, eine menschliche „Stromkreiskette" etwa aus vier Personen zu bilden, denn der Stromflusstester weist eine sehr hohe Empfindlichkeit auf. Werden die Hände locker gehalten, so ertönt ein leiser, tiefer Ton. Doch was passiert, wenn alle die Hände ganz fest drücken?

Auch ohne aktive Beteiligung einer erwachsenen Person können die Kinder viele weitere Materialien auf ihre Leitfähigkeit testen.

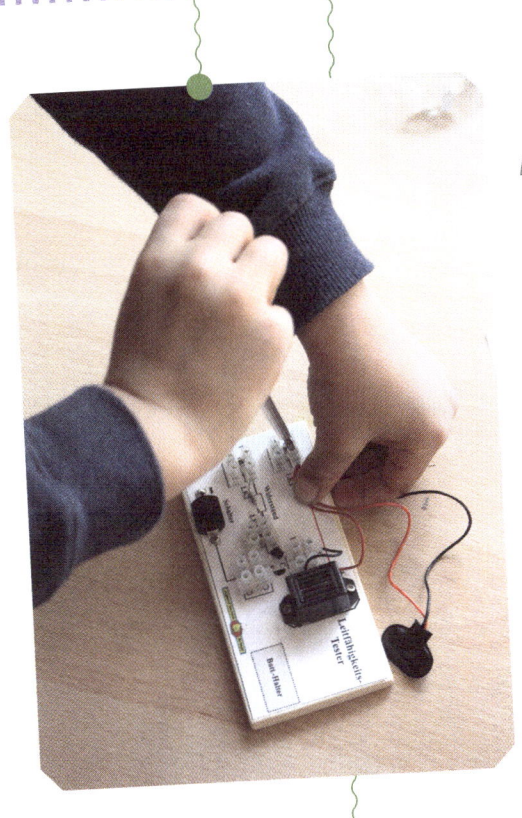

Der Aufbau

Die beiden Prüfkabel werden in Leitungswasser eingetaucht.

Die Kinder vermuten zu Recht, dass die Leitfähigkeit davon abhängt, ob die Glühbirne in Ordnung oder defekt ist.

Eine menschliche „Stromkreiskette"

Elektrisierend – weitere Aktionen

Der Ausflug in die Welt der Elektrizität bietet viele weitere Möglichkeiten, den Blick für konkrete technische Problemstellungen zu öffnen. Vielleicht möchten die Kinder in ihren Bauwerken aus Holz eine Beleuchtung anbringen oder ihre selbst konstruierten Fahrzeuge mit „Scheinwerfern" ausstatten?

Vielleicht taucht aber auch die Frage auf, wie es die Steckdose schafft, nie leer zu werden, dagegen aber Batterien leer werden können. Diese Frage führt wieder zurück zum Themenfeld der Versorgung.

Strom lässt sich zum Beispiel aus Wind- und Wasserenergie erzeugen, das greift eine der nachfolgenden Aktionen auf. Vielleicht wünschen sich die Kinder zum Schluss solcher Aktionen, Wind- oder Wasserräder zu konstruieren, ähnlich denen, wie sie für die Stromversorgung gebaut werden. Das ist nicht schwer und es sind viele Ausführungsformen möglich.

Wie läuft's – Wasserräder

Wasserräder lassen sich gut aus Mundspateln oder Kunststofflöffeln bauen. Für die Achse wird ein Holzspieß genommen. Es kann auch ein Wasserschaufelrad aus gebrauchten Kronkorken hergestellt werden, indem mittels einer Heißklebepistole die Kronkorken auf eine durchbohrte Plastikscheibe geklebt werden. Letztlich muss das Ganze nur rund und mittig gebohrt sein. Die individuelle Ausgestaltung kann ganz unterschiedlich und improvisiert sein, denn: Es ließe sich – wie so vieles in der Technik – auch ganz anders realisieren.

Die Wasserräder können in den Innenräumen oder auch in der Natur an einem Bach ausprobiert werden. Im Innenbereich braucht man dazu ein größeres Waschbecken oder Behältnis und eine Wasserflasche, aus der das Wasser zum Antrieb auf die Wasserräder fließen kann. Für die Kinder ist es sehr interessant herauszufinden, dass sich die Stärke des Wasserstrahls mittels des Flaschenverschlusses so steuern lässt, dass er die Schaufelräder optimal trifft.

Versuche gelingen auch am
Waschbecken in den Kinder-
gartenräumen.

||||||| Außer Puste – Windrad

Das Wasserrad kann auch zu einem Windrad werden. Nahezu zwangsläufig kommen die Kinder auf diese Idee, dass sich das Schaufelrad zu einem Windrad umfunktionieren lässt und dann durch Luft in Bewegung gesetzt wird.

Noch vor gar nicht allzu langer Zeit wurden mittels Wasser- und Windrädern Mühlsteine zum Beispiel zum Mahlen von Mehl angetrieben. Heute wird diese Bewegungsenergie des Wassers und des Windes zur Umwandlung in elektrische Energie eingesetzt. Durch solch einfache Zugangsweisen erfahren Kinder, dass diese ebenso selbstverständlichen wie unentbehrlichen „Dinge" Strom und Energie nicht einfach da sind, sondern, dass wir mit ihnen „versorgt" werden. Deshalb lohnt es sich, Drehbewegungen im Hinblick auf die Stromerzeugung technisch zu analysieren.

●llllllll So machen wir Strom

In dieser Aktion werden Drehbewegungen mit Blick auf Stromerzeugung technisch analysiert. Dazu wird ein Axiallüfter, also ein Ventilator, an eine Batterie angeschlossen und schon beginnt er, sich schnell zu drehen. Wir stecken also elektrische Energie hinein und bekommen Bewegung heraus. Doch was passiert, wenn wir den Lüfter aktiv drehen, etwa sehr schnell mithilfe eines Föhns? Dann wird aus einem Motor ein Stromerzeuger. Wir stecken also Bewegungsenergie hinein und bekommen elektrische Energie heraus. In den Versuchen haben zwei Kinder die Erzeugung mithilfe einer Leuchtdiode demonstriert. Wir könnten also – eine hinreichend leistungsstarke Windkraftanlage vorausgesetzt – den Strom selbst erzeugen, den wir zum Beispiel im Haushalt verbrauchen.

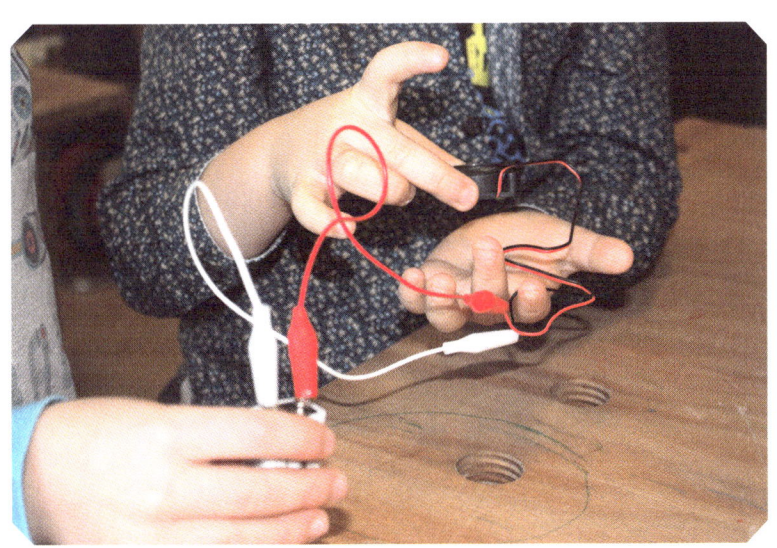

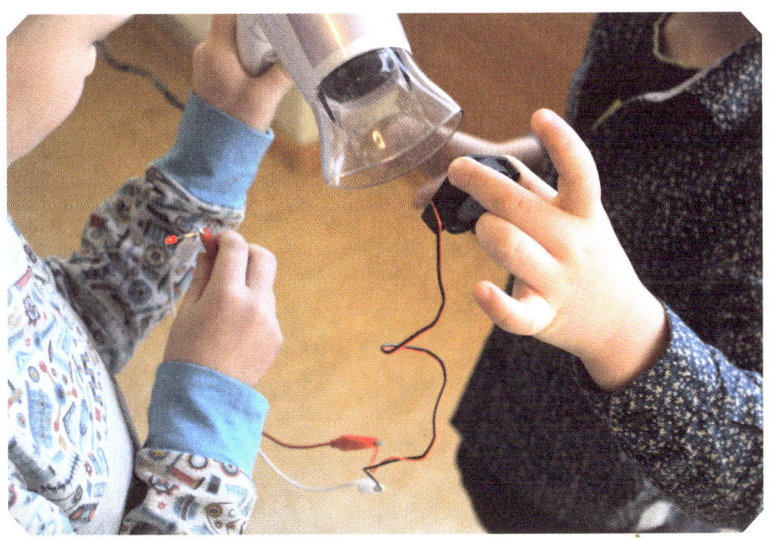

Der Axiallüfter dreht sich mithilfe eines Föhns besonders schnell, deshalb leuchtet die rote Leuchtdiode besonders hell.

Wir versorgen eine Wohnung mit Licht

Nachdem das Thema Elektrizität nun breit eingefangen wurde, wäre es da nicht ein schöner Abschluss, wenn sich die Kinder als Hauselektriker einbringen, um eine selbst konzipierte Wohnung mit Licht zu versorgen? Dazu können auf Spanplatten Häuser oder „Hauspläne" gemalt werden und dann kann anschließend eine Beleuchtung eingebaut werden. Bis auf die Lötarbeiten können Kindergartenkinder „Hauselektrikerversuche" problemlos durchführen. Anstatt des Verlötens des Drahtes oder der Litze (Drähte, die als Leiter für den Strom dienen) auf Reißnägeln können diese auch verdrillt, also miteinander verdreht werden.

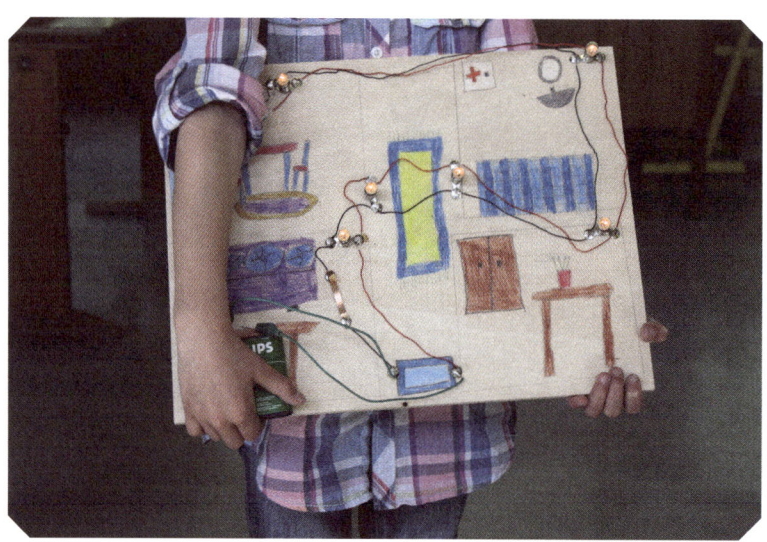

Diese Innenarchitekturplanung einer Raumaufteilung inklusive Wohnungsbeleuchtung wurde von Kindern einer 1. Schulklasse gestaltet.

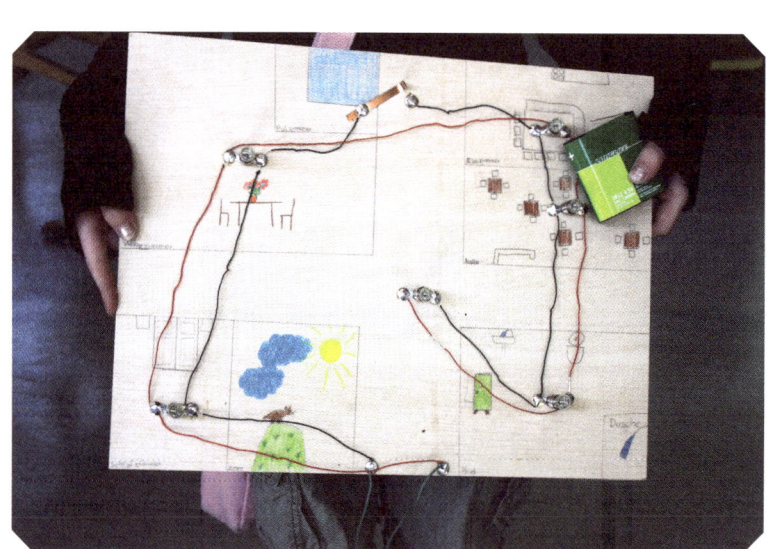

|||||||| Wir bauen einen Tonkrugkühler

Für Kinder ist es interessant in Erfahrung zu bringen, dass nicht alle Versorgungsleistungen, die wir üblicherweise mit elektrischer Energie erzeugen, zwingend auf Elektrizität angewiesen sind. Der Bau einer stromlosen „Kühlbox" ist wenig aufwendig, für die Kinder ohne handwerkliche Unterstützung durchführbar und bietet sich vor allem an heißen Sommertagen an. Es werden benötigt:

- zwei unterschiedlich große Tontöpfe
- Klebestreifen zum Zukleben der Löcher am Tontopfboden
- Sand zum Auffüllen der Zwischenräume
- Wasser
- evtl. ein Topfdeckel und ein feuchtes, vorzugsweise weißes Tuch
- evtl. Messegerät für die Temperatur im Sand

1. Schritt: Zunächst ist es ratsam, die in aller Regel vorhandenen Löcher in den beiden Tontöpfen abzukleben. Da Wasser eingesetzt wird, bietet es sich an, in die Abdichtung des größeren Topfes mit einer Prickelnadel oder einem kleinen Nagel wenige Löcher einzustanzen, damit überschüssiges Wasser abfließen kann.

Die Kinder können alle Arbeiten alleine ausführen.

2. Schritt: Nun wird in den großen Topf Sand gefüllt und zwar so viel, dass der kleinere Topf zum Schluss mit dem oberen Rand auf der gleichen Höhe steht wie der größere Topf. Zeitungspapier hilft dabei, den Raum zwischen den beiden Töpfen so mit Sand aufzufüllen, dass kein Sand in den inneren Topf rieselt.

3. Schritt: Der Sand wird anschließend gewässert. Wenn ein Thermometer zur Verfügung steht, kann die Temperaturänderung in der Sandummantelung gemessen werden. Da die Kinder die Zahlen auf einem Thermometer nicht ablesen können, können sie die Ausgangstemperatur etwa mit einem grünen Klebepunkt markieren. Es dauert nur wenige Minuten, bis sich etwas verändert.

4. Schritt: Nun kann etwas zum Kühlen in den Innenraum gelegt werden, zum Beispiel Äpfel und Pflaumen. Wer einen passenden Deckel hat, kann diesen zusätzlich verwenden. Auf jeden Fall sollte ein feuchtes Tuch den Tonkrugkühler zusätzlich abdecken. Die Kühleffekte fallen vor allem dann sehr deutlich aus, wenn sich der stromlose „Kühlschrank" an einer schattigen und im Idealfall windigen Stelle befindet.

Wohin damit? – Entsorgung

Ebenso wie das Thema Versorgung ein technisches Handlungsfeld ist, so ist es auch sein Pendant, das Thema Entsorgung, welches sich als dessen Folgeproblem darstellt.

Auch hier kann an das Vorwissen der Kinder angeknüpft werden. Zwar werden die Kinder weder die Entsorgung radioaktiver Abfälle bzw. deren Wiederaufbereitung interessieren noch die Lagerung des uns alle bedrohenden CO_2-Klimagases tief in der Erde oder im Meer – solche Themen wären in der Kita unangemessen, aber denkbar ist es, einen Zugang über das Thema Mülltrennung zu finden, das den Kindern aus der Kita und von zu Hause bekannt sein dürfte. Es gibt viele Zugänge zum Thema Abfallvermeidung, -sortierung, -beseitigung und Wiederverwertung, bei denen es gelingt, das zu lösende Problem zu einem „echten" Problem der Kinder zu machen.

Eine erste Sensibilisierung für das Thema Abfallverwertung könnte zum Beispiel darin bestehen, aus Verpackungsmüll und sonstigen Abfällen, Neues zu kreieren, etwa Fahrzeuge, wie sie im Kapitel 3 vorgestellt werden, oder auch Kunstwerke aus Abfall.

Es gibt auch Abfallprodukte, die so wertvoll sind, dass sie wieder in die Versorgungskette eingebettet werden müssen. Die Möglichkeiten an vertiefenden Aktivitäten sind groß. Sie reichen vom Thema Kerzenziehen aus alten Wachsresten bis hin zum Anlegen eines Komposthaufens.

◉ ||||||| Hinweis

Der verwendete Abfall sollte vor dem Einsatz in der Kita sauber gemacht werden. Außerdem sollte darauf geachtet werden, dass keine Verletzungsgefahr besteht.

◉ ||||||| Aus Alt mach Neu: Papierschöpfen

Allein in Deutschland fallen jährlich Millionen Tonnen Altpapier an. Zeitungen, Pappkartons und Toilettenpapier werden vollständig daraus hergestellt. Recycling – es beinhaltet das englische Wort für Kreislauf: *cycle* – lohnt deshalb hier ganz besonders, ähnlich wie auch bei Metallen und Glas.

Für Kinder ist es nicht nur einfach, aus Altpapier neues Papier herzustellen, sondern auch ein tolles Erlebnis. Sie erkennen, dass das Sammeln von Altpapier sinnvoll ist. Es fließt wieder in den Produktionsprozess zurück.

Einige Landratsämter bieten die Möglichkeit an, alle zum Papierschöpfen notwendigen Werkzeuge auszuleihen, sodass viele Kinder parallel arbeiten können. Dieser tolle Service beinhaltet auch eine präzise Handlungsanleitung. Darüber hinaus finden sich im Internet, wie bei vielen weiteren Technikthemen, gute Anleitungen bzw. Lernvideos, wie man auch mit einfachen Mitteln aus dem Haushalt zum Ziel gelangen kann.

1. Schritt: Altpapier wird in möglichst kleine Stücke zerrissen und in einem mit Wasser gefüllten Behälter eingeweicht. Wer möchte, kann einige Schnipsel buntes Tonpapier oder bunte Servietten dazu mischen. Zusätzlich liefern auch Gewürze, wie eine Prise Zimt, oder Gräser und Blumenblüten interessante und schöne Ergebnisse. Der Prozess des Auflösens lässt sich beschleunigen, wenn die Kinder die Altpapiermasse mit einem elektrischen Mixer durchquirlen.

2. Schritt: Ist alles aufgelöst, kommt die Masse in eine kleine, mit Wasser gefüllte Wanne und der Papierbrei wird verdünnt.

3. Schritt: Vorsichtig wird ein Schöpfrahmen eingetaucht bzw. untergezogen, um ihn dann wieder herauszuholen. An den Drahtmaschen bleiben die im Wasser aufgelösten Teilchen hängen, das überschüssige Wasser tropft ab bzw. wird weggewischt.

4. Schritt: Das überschüssige Wasser sollte sehr gut abgetropft sein, dann kann der Rahmen zum endgültigen Trocknen in den Papierschrank gestellt werden.

Nach einer gewissen Zeit ist das Papier getrocknet und lässt sich einfach abziehen. Doch was entdecken die Kinder auf den „neuen" Altpapierbögen? Es sind vereinzelte Buchstaben aus Texten der zerrissenen Zeitungen.

Wie wird Wasser wieder sauber?

Was wäre, wenn wir unser Schmutzwasser aus der Waschmaschine, der Spüle oder der Toilette wieder genauso verunreinigt zurückbekämen, wie wir es in die Kanalisation entsorgen? Kaum vorstellbar, so ein Leben ohne sauberes Wasser. Doch wie wird es überhaupt wieder sauber? Schmutziges Wasser lässt sich schließlich schlecht waschen.

Um solch einer Fragestellung nachzugehen, bietet sich die Methode des technischen Experimentes an. Nach Wilkening und Schmayl, handelt es sich hierbei um eine eigene technikdidaktische Methode, denn „im Vergleich zur kausal orientierten Fragestellung im naturwissenschaftlichen Experiment ist das technische Experiment final bestimmt" (Wilkening & Schmayl, 1984, S.130).

Es geht also darum, experimentell auszuprobieren, wie das Problem gelöst werden kann, stark verschmutztes Wasser so zu reinigen, dass es wieder klar(er) bzw. sauber(er) wird.

Ein Arrangement, bei dem die zur Wasserreinigung notwendigen Materialien neben einer Flasche mit Schmutzwasser einfach auf dem Tisch stehen, besitzt bereits einen hohen Aufforderungscharakter.

Vielleicht haben die Kinder das Wasser sogar selbst mit Erde, Sand, Grasresten usw. verunreinigt. Vielleicht besitzt auch ein Kind Erfahrungen mit der Reinigung eines Wasserfilters eines Aquariums. Jedenfalls lassen die ersten Ideen zur Wasserreinigung nicht lange auf sich warten.

1. Idee: Das Wasser kann mithilfe eines Küchensiebs gereinigt werden. Im Küchensieb bleibt bereits der grobe Schmutz zurück, allerdings ist das Wasser dann immer noch nicht klar.

2. Idee: Es können verschiedenkörnige Filterstufen zum Einsatz kommen, die immer bessere Ergebnisse bringen. Zum Beispiel kann das Kies sein, der in einen Plastiktrinkbecher gefüllt wird. In die Böden der Trinkbecher werden dazu zuvor mit einer Pinnnadel einige Löcher hineingestochen.

„Schau mal, wie schmutzig das Wasser am Anfang war. Was da so alles darin umherschwimmt."

Etwas feiner wird der Filter, wenn anstelle von Kies Sand genommen wird. Die Idee, einen Kaffeefilter einzusetzen, ist dann auch schnell geboren. Schließlich bieten sich auch noch Papiertaschentücher zum Filtern an.

Das Wasser wird so wieder nahezu sauber und das Ergebnis sieht vor allem dann besonders beeindruckend aus, wenn jeweils ein kleiner Rest Wasser aus jeder Filterstufe aufgehoben wurde. Diese können von den Kindern in eine Reihenfolge gebracht werden.

Hinweis

- Wer das Wasser noch klarer bekommen möchte, sollte noch eine weitere Stufe zum Einsatz bringen: einen Kaffeefilter, der etwas Aktivkohle enthält. Diese gibt es günstig in Apotheken oder im Online-Handel.
- Auch wenn das Wasser im Anschluss an das Reinigungsverfahren wieder trinkbar aussehen sollte, muss dies vermieden werden, da das Wasser noch gesundheitsschädliche Keime enthalten kann.

An dieser Stelle kann mit den Kindern über die Bedeutung sauberen Wassers für die Gesundheit gesprochen werden. Vielleicht bahnt sich so die Erkenntnis an, dass es Sinn macht, sehr sorgfältig und nicht verschwenderisch mit dem Rohstoff Wasser umzugehen.

Entsorgung vor der Haustür

Nachdem nun Erfahrungen rund um das Thema „Entsorgung" gewonnen wurden, bietet es sich eventuell an, den Blick in die Realität der Entsorgungstechnik zu richten.

Viele Landratsämter bzw. deren Abfallwirtschaftsabteilungen bieten zum Beispiel didaktisch gut vorbereitete Erkundungen bereits für Kindergarten- und Grundschulkinder an. Auf dem Programm stehen Deponiebesichtigungen, Führungen durch Abfallbehandlungs- und Mülltrennanlagen, angeleitete Waldputzaktionen und einiges mehr. Auch ist es bei vielen Klärwerken möglich, diese mit einer Führung verbunden zu besichtigen. Dort findet sich vieles im Großen, was die Kinder im Kleinen im Wasserreinigungsexperiment entdeckt haben. Vielleicht befindet sich in der Nähe des Kindergartens auch ein Autorecyclingbetrieb? Sicher würde sich die Geschäftsführung über einen Besuch der Elektro- oder Brennstoffzellenautofahrer von morgen freuen.

Ausflug zur Deponie

Eine geführte Exkursion zu einer Annahmestelle für Abfälle, die nicht mit dem Hausmüll entsorgt werden können, lohnt sich auf jeden Fall. Unbeantwortete Fragen, die beim Thematisieren der Entsorgungstechnik in der Kita auftauchen, können im Vorfeld in der Kita notiert und dann dank der Profis vor Ort geklärt werden.

Die Kinder dürfen auf der Deponie die verschiedenen Abfallcontainer ansehen und bekommen die Trennung und die Gründe dafür detailliert erklärt. Sie lernen vielleicht auch einen mobilen Walzenverdichter kennen, der nicht nur sehr gefährlich aussieht, sondern bei dem auch die Gefahr besteht, durch abspritzende Metallsplitter verletzt zu werden. Er besitzt deshalb eine geschützte Fahrerkabine. Ein Verdichter drückt die Containerinhalte weiter zusammen, damit der Raum im Container optimal für den Abfall genutzt werden kann.

TIPP

Erkundigen Sie sich beim zuständigen Landratsamt.

Ein aufregender Tag. Die Schulanfänger wurden auf Anfrage vom zuständigen Landratsamt eingeladen, eine Abfallannahmestelle zu besichtigen. Auch die Kosten für die Hin- und Rückfahrt mit den öffentlichen Verkehrsmitteln wurden übernommen.

Blick in den Sammelbehälter für Metall

Ein mobiler Walzenverdichter

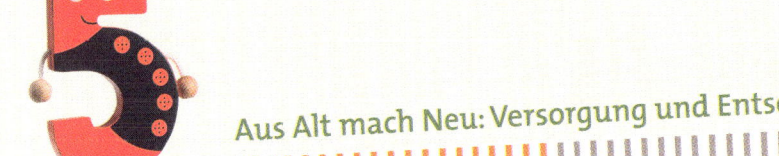

Die Beschäftigung mit dem Thema Entsorgung macht deutlich, dass Abfall alles andere als wertlos ist. Das Trennen und Sammeln ist wichtig, um den Abfall wiederverwerten zu können. In der Folge können neue Produkte ressourcenschonender hergestellt werden.

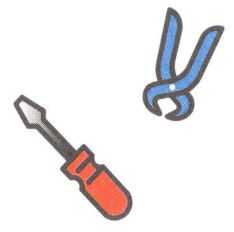

Hallo?!?:
Information und Kommunikation

Wenn wir von Kommunikation sprechen so meinen wir in aller Regel, dass es darum geht, Informationen auszutauschen. Solch ein Informationsaustausch kann auf unterschiedliche Art und Weise erfolgen. Kommunikation ist oft auch von Technik abhängig zum Beispiel als Übermittler der menschlichen Sprache. Im 21. Jahrhundert ist die Menschheit gerade aufgrund rasanter technischer Innovationen endgültig in der Informationsgesellschaft angekommen. Der Informationsaustausch ist dabei längst nicht mehr auf die Kommunikation von Mensch zu Mensch beschränkt. Informationen werden ebenso zwischen Mensch und Maschine oder ausschließlich zwischen Maschinen, Automaten, Fahrzeugen oder kompletten Produktionsanlagen ausgetauscht. M2M nennt sich dieser automatisierte Informationsaustausch, wobei das Kürzel M2M für „Machine-to-Machine" steht.

Das Handlungsfeld „Information und Kommunikation" hat die technischen Realisierungsmöglichkeiten im geschichtlichen Wandel ebenso zum Gegenstand wie die kritische Reflexion derselben (z.B. das Thema digitale Mediennutzung, Informationsüberflutung oder Manipulationen durch Social Bots, also Programme, die in sozialen Netzwerken so tun, als ob sie menschlich wären).

Viele Problemstellungen sind bei aller Komplexität des Themas bereits im Vorschulalter zugänglich. Sie reichen vom Bau einer einfachen Ampelanlage, eines Morseapparates oder der Entwicklung einer Geheimschrift (z.B. mittels einer Cäsar-Scheibe) bis hin zur Demontage eines Computers bzw. der Analyse seiner zentralen Bestandteile.

Vier technische Aktionen für die Kinder in der Kita führen in dieses Themenfeld ein:

- der Bau eines Dosen- oder auch Schnurtelefons (ein „Didaktik-Klassiker" der Nachrichtenübermittlung)
- unsichtbare Information: Schreiben mit „Geheimtinte"
- unverständliche Information: Kryptografie
- in Licht oder Signale übersetzte Nachrichten: Morsealphabet

Die Begriffe des klassischen Sender-Empfänger-Modells, wie Sendegerät, Übertragungskanal und Empfangsgerät oder auch Kommunikationsstörung, fließen hier ohne großen Aufwand mit ein.

Von Dose zu Dose

Nachrichtentechnische Grundbegriffe wie Sender und Empfänger werden dank der Einfachheit des Dosentelefons augenscheinlich und verständlich.

Erste schriftliche Erwähnungen zu dieser Idee finden sich bereits im 17. Jahrhundert, zum Beispiel von dem Engländer Robert Hook. Er berichtet, dass er Klang mithilfe eines langen Drahtes über eine große Entfernung geschickt habe („Schnurtelefon", n. d.).

Es ist überliefert, dass in früheren Zeiten mithilfe der Schnurtelefone Distanzen von bis zu vierhundert Metern überbrückt werden konnten. Aber selbst mit dem folgenden, auch für Kinder sehr leicht selbst zu bauenden Modell kann die menschliche Stimme bis zu vierzig Metern weit übertragen werden.

Für den Bau eines Dosentelefons werden benötigt:

- zwei leere Konservendosen, bei denen die Deckel entfernt sind
- Klebestreifen (z. B. Kreppband)
- ein Nagel, vorzugsweise ein Stahlnagel und ein Hammer
- eine Schnur, am besten aus Nylon

1. Schritt: Da die Ränder der Konservendosen nach dem Öffner scharf sind, müssen diese abgeklebt werden. Zu groß wäre die Gefahr, dass die Kinder sich verletzten.

2. Schritt: Die Mitte des Dosenbodens wird bestimmt. Falls ein Zentrierwinkel vorhanden sein sollte, so gelingt das sehr präzise. Es reicht aber auch aus, das Ganze abzuschätzen. Mit einem Hammer wird der Nagel eingeschlagen, sodass im Boden jeder Dose ein Loch entsteht.

So klappt es noch nicht mit dem Telefonieren, auch wenn die beiden Kinder vermutlich gerade von einem gut hörbaren Rauschen, ähnlich dem des Meeres, fasziniert sind. Die Blechdosen dienen dabei als Resonanzkammern für die Umgebungsgeräusche.

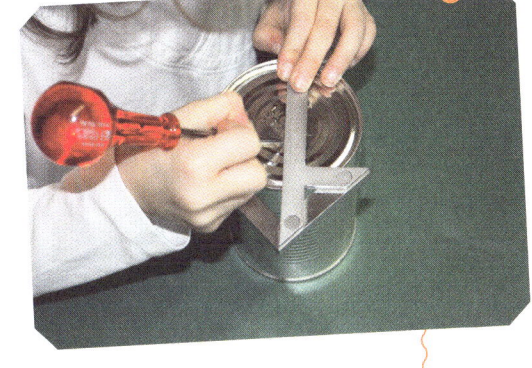

3. Schritt: Jetzt müssen nur noch die beiden Schnurenden von außen durch die Löcher der beiden Dosenböden gesteckt und von innen so verknotet werden, dass die Schnur nicht mehr durch die Löcher rutschen kann.

Eine offene Dose wird vor den „Sender"-Mund und eine vor das „Empfänger"-Ohr gehalten. Wichtig ist, dass der „Übertragungskanal" nirgendwo durchhängt. Die Schnur muss straff gespannt sein. Im Freien macht die Erprobung richtig Spaß.

Wie die Kommunikation gestört werden kann, zum Beispiel durch ein einfaches Festhalten der Schnur, finden die Kinder ganz von selbst heraus.

Für Detektive – geheime Informationen

Es existieren viele Rezepturen und Ideen, mit denen es gelingt, geheime Botschaften so zu verfassen, dass sie erst in den Händen der Empfänger sichtbar werden. Diese müssen wiederum wissen, wie es gelingt, sie wieder lesbar zu machen, sonst funktioniert das Ganze nicht.

Als Aktionen werden hier zum einen das Unsichtbarmachen und zum anderen das Unverständlichmachen von Informationen vorgestellt.

Unsichtbare Informationen: Geheimtinte

Am bekanntesten ist vermutlich beim Unsichtbarmachen die Verwendung von farbloser „Säuretinte", etwa Essig oder Zitronensaft. Ist die „Säuretinte" getrocknet (unsichtbar) und wird später erhitzt, so nimmt sie eine bräunliche Färbung an und wird dadurch wieder sichtbar. Für diese Aktion werden benötigt:

- ein Toaster oder ein Bügeleisen
- Federhalter, Pinsel oder Wattestäbchen
- eine Lebensmittelsäure (z.B. Zitronensaft)
- Papier

Was kommt denn beim Erwärmen über dem Toaster zum Vorschein?

Mit einem Wattestäbchen wird eine geheime Schatzkarte gemalt.

● IIIIIII *Hinweis*

Ganz egal, ob die Kinder ein Bügeleisen, eine Kerze oder etwa einen Toaster zum Erwärmen des Blattes benutzen, es besteht Entzündungsgefahr. Deshalb muss bei diesem Schritt ein Erwachsener als Aufsichtsperson anwesend sein.

● IIIIIII Unverständliche Informationen: Kryptografie

Wie wichtig es ist, Informationen zu verschlüsseln, sodass sie niemand verstehen kann (es sei denn, er ist zum Lesen autorisiert und besitzt den passenden „Leseschlüssel"), wird uns etwa dann bewusst, wenn in den Medien von groß angelegten Hackerangriffen berichtet wird.

Kryptografische Verfahren sind Techniken, die dies verhindern sollen. Sie zielen darauf ab, Daten für Unbefugte wertlos zu machen. Moderne Verschlüsselungsverfahren sind jedoch so komplex, dass sie für Laien kaum verständlich sind.

Eine besonders einfache Verschlüsselungstechnik hingegen stellt der sogenannte Cäsar-Code dar. Er gehört zu den unsichersten Verschlüsselungsverfahren überhaupt, denn er ist sehr einfach zu „knacken". Interessant ist dabei vor allem, dass die grundlegende Idee für diesen Code bereits vor über zweitausend Jahren entwickelt wurde und das Verfahren damit wahrscheinlich zu den ältesten der Kryptografie zählt.

Mithilfe einer sogenannten Cäsar-Scheibe kann eine darauf fußende Geheimschrift entwickelt werden, anhand derer auch Kinder im Kindergarten Prinzipien der Kryptografie selbst anwenden können.

Für die Cäsar-Scheibe werden benötigt:

- Vorlagen für Cäsar-Scheiben aus dem Internet
- dünne Pappe
- Schere und Flüssigkleber
- eine Musterklammer
- ggf. Klebepunkte zum Markieren

Solch eine Scheibe zu bauen, ist auch für Kinder einfach. Dazu benutzen sie Kopiervorlagen, die sich samt Anleitung im Internet finden lassen. Darauf sind Buchstaben kreisförmig angeordnet, sowohl auf einer größeren als auch auf einer etwas kleineren Scheibe. Diese Kopien werden auf dünne Pappe geklebt und danach jeweils kreisrund ausgeschnitten. Nun werden beide Scheiben mittig mit Löchern versehen, aufeinandergelegt (die kleinere auf die größere Scheibe) und mittels einer Musterklammer verbunden. Fertig ist die Cäsar-Scheibe.

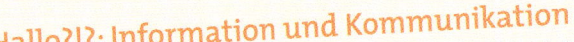

Julius Cäsar (100 – 44 v. Chr.), so die Überlieferung, benutzte selbst die sogenannte C-Verschiebung. Dabei wird das C des inneren Kreises unter das A des
äußeren gedreht. Mathematisch formuliert: Das A wird auf das C abgebildet.
Infolgedessen werden auch alle weiteren Buchstaben des „echten" Alphabets
um genau drei Buchstaben verschoben. Diese Verschiebung liefert das neue
Geheimalphabet.

Die Kinder können zum Beispiel mit ihren Vornamen experimentieren. Dazu
können sie die Buchstaben des Namens zunächst mit Klebepunkten markieren. Dem Empfänger müssen sie natürlich mitteilen, welche Verschiebung sie
vorgenommen haben, damit dieser sie wieder rückgängig machen kann.

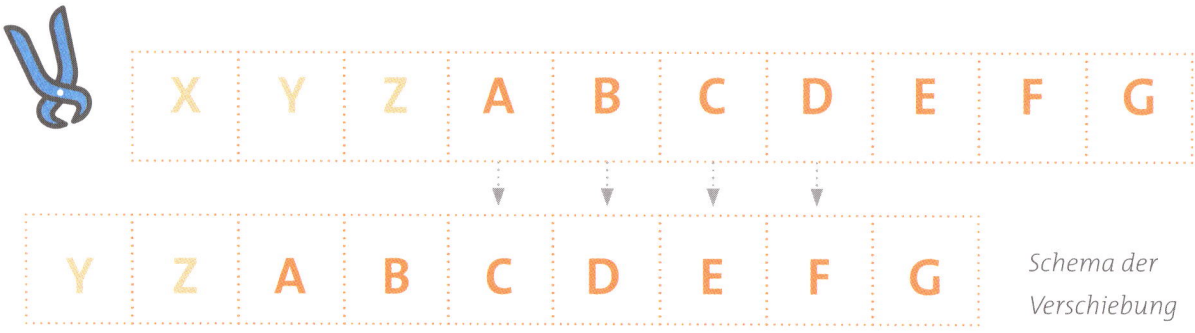

Schema der Verschiebung

Vom Morsen und Programmieren

Das Morsealphabet, manchmal auch Morsecode genannt, wurde im vorletzten Jahrhundert von dem US-amerikanischen Erfinder Samuel Finley Breese Morse (1791–1872) entwickelt und diente lange Zeit zur Übermittlung von Buchstaben, Zahlen und Zeichen, die dann auf der Empfängerseite in Nachrichten übersetzt wurden. Letztlich handelt es sich um eine Kommunikation mittels Punkten und Strichen, die akustisch oder optisch dargestellt werden können.

Buchstabe	Morse-zeichen	Buchstabe	Morse-zeichen	Buchstabe	Morse-zeichen
A	• –	N	– •	0	– – – – –
B	– • • •	O	– – –	1	• – – – –
C	– • – •	P	• – – •	2	• • – – –
D	– • •	Q	– – • –	3	• • • – –
E	•	R	• – •	4	• • • • –
F	• • – •	S	• • •	5	• • • • •
G	– – •	T	–	6	– • • • •
H	• • • •	U	• • –	7	– – • • •
I	• •	V	• • • –	8	– – – • •
J	• – – –	W	• – –	9	– – – – •
K	– • –	X	– • • –		
L	• – • •	Y	– • – –		
M	– –	Z	– – • •		

Heute ist diese Methode durch moderne Verfahren der Kommunikationstechnik weitgehend verdrängt worden und findet nur noch dort Anwendung, wo eine Verständigung anders nicht möglich ist.

Die international berühmteste Zeichenfolge des Morsens dürfte diese sein: dreimal kurz – kurze Pause – dreimal lang – kurze Pause – dreimal kurz. Sie ist den meisten als **S**ave **O**ur **S**ouls (SOS) bekannt.

Interessant und weniger bekannt ist in diesem Kontext, dass die SOS-Zeichenfolge erst 1904 eingeführt wurde und das ursprüngliche Notsignal „CQD" (Come Quick Danger) wenige Jahre später ablöste. Die Zeichenfolge „CQD" war aufgrund seiner Kompliziertheit zu störungsanfällig, weshalb eine einfachere und einprägsamere gesucht wurde. Erst im Nachhinein wurde diese neue SOS-Zeichenfolge als Abkürzung für „Save Our Souls", „Save Our Ship" oder „Ship On Sink" interpretiert.

Da der Morsecode selbst aus nur langen und kurzen Signalen besteht (Striche und Punkte), kann er auch auf einfache Weise mithilfe verschiedener Medien übertragen werden, zum Beispiel mithilfe von Tonsignalen (lange und kurze Töne), Lichtsignalen (lange und kurze Lichteinheiten) oder auch mithilfe von Fahnensignalen.

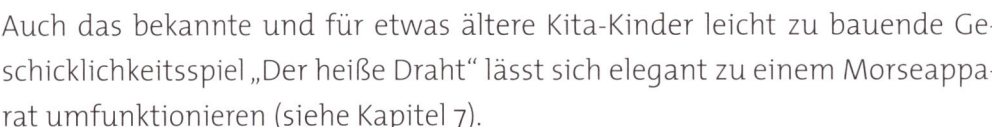

Ganz einfach – Wir bauen einen Morseapparat

Einen Morseapparat zu bauen, ist nicht schwierig, denn verschiedene Bausätze können gut dafür verwendet werden. Im Projekt wurde mit einem Bausatz für einen optischen Morseapparat gearbeitet, der auch mit Kita-Kindern leicht gebaut werden kann. Der bereits vorinstallierte Taster mit den angelöteten Litzen (Drähte, die als Leiter für den Strom dienen) erleichtert das Arbeiten sehr. Noch besser gelingt die Montage in Partnerarbeit.

Auch das bekannte und für etwas ältere Kita-Kinder leicht zu bauende Geschicklichkeitsspiel „Der heiße Draht" lässt sich elegant zu einem Morseapparat umfunktionieren (siehe Kapitel 7).

Wer mag, kann mit den Kindern auch einen Morseapparat mit akustischen Summersignalen bauen.

Doch nicht die Montage eines Morseapparats steht hier im Mittelpunkt, sondern das Senden und Empfangen von Signalen. Was können Kinder also mit solchen „Apparaten" alles anfangen?

Zunächst natürlich Morsen, doch sichere Buchstabenkenntnisse können im Kindergarten nicht vorausgesetzt werden. Oft können Kinder jedoch bereits ihren Vornamen schreiben. Erstaunlich ist, dass es ihnen in aller Regel gelingt, diesen mithilfe eines Morsealphabets in Morsesignale zu übersetzen. Natürlich bedarf es hierbei der Unterstützung durch Erwachsene, aber das Prinzip wird schnell durchschaut.

Auch jüngere Kinder, die noch keine Berührung mit der Welt der Buchstaben haben, schauen den älteren Kindern fasziniert dabei zu, wie diese Signale senden und empfangen.

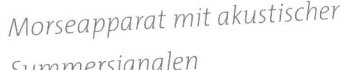
optischer Morseapparat

Morseapparat mit akustischen
Summersignalen

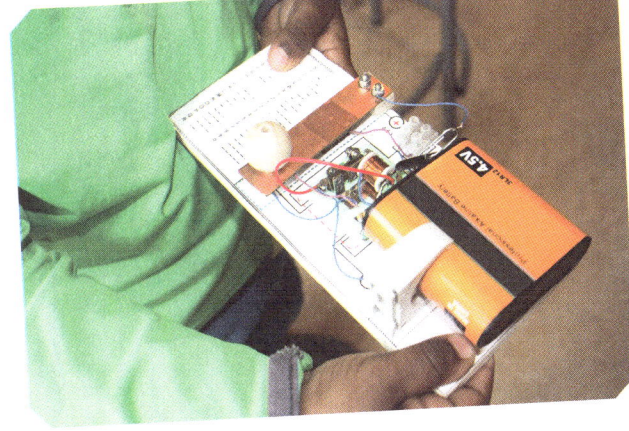

Spätestens beim Erfinden einer Geheimsprache für einfache Begriffe sind die jüngeren Kinder sofort mit dabei. Das können zum Beispiel folgende Ansagen oder Befehle sein:

- „Ja" und „Nein"
- aufstehen und hinsetzen
- anfassen und loslassen
- mit den Beinen wackeln bzw. diese ruhig halten
- beide Arme hochnehmen und Arme wieder herunternehmen
- usw.

Es ist faszinierend, wie viel Spaß es den Kindern bereitet, einen Morseapparat auf diese Weise umzufunktionieren.

„Wann bekomme ich endlich den Befehl, dass ich meine Nase wieder loslassen darf?"

„Ich bekam den Befehl ‚Hände hoch' und jetzt soll ich noch mit den Beinen wackeln. Uff!"

Diese Art des Spielens lässt sich mit den etwas älteren Kindern weiter ausbauen. So lassen sich „Roboterprogrammierungsspiele" erfinden, indem vereinbarte Signale dazu dienen, den Bewegungsablauf eines Kind-Roboters zu steuern:

- Wenn ich einmal blinke, musst du dich vorwärtsbewegen
- Wenn ich zweimal blinke, musst du dich zurückbewegen
- usw.

Schaffen die Kinder es, ein anderes Kind so zu steuern, dass es sich auf einen bestimmten Stuhl setzt? Wie viele und vor allem, welche Befehle sind dazu nötig?
Am besten vereinbaren die Kinder eigene Bewegungssteuerungssignale. Ein Kind spielt dabei den Befehlsgeber, ein anderes den Befehlsempfänger im Sinne eines Roboters.
Aber vielleicht möchten die Kinder auch eine Tanzbewegungschoreografie programmieren:

- hüpfen
- laufen
- linksherum drehen
- rechtsherum drehen
- usw.

●IIIIIIII Wie sieht es von innen aus? – Schraub auf!

„Hän die koi Schnur?" soll, so zumindest ein alter Witz, die Begriffsentstehung der Schwaben vor etwas mehr als einem Vierteljahrhundert für das Kürzel „Handy" gewesen sein. Es war ein Scherz, den heute kein Kind mehr verstehen dürfte, denn es gibt kaum noch schnurgebundene Telefone. Würde sich vielleicht deshalb nicht die Demontage eines alten Telefons anbieten? Oder vielleicht eines alten PCs?

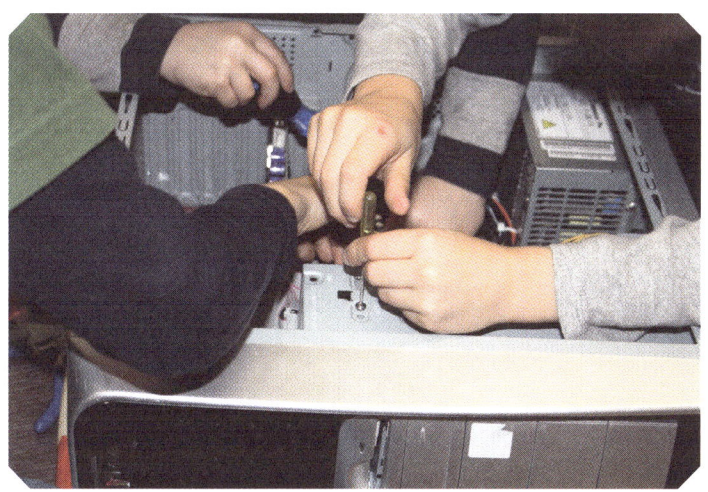

Schraubmontage

TIPP

Mit den Eltern Möglichkeiten der Verwertung absprechen

Die Kinder sind bei einer solchen Aktion kaum zu bremsen, so sehr sind sie von der Tätigkeit der Schraubdemontage begeistert. Vielleicht gelingt es in diesem Kontext, das Grundschema der Datenverarbeitung, das EVA-Prinzip, zu thematisieren:

≋ Mikrofon, Tastatur: Eingabe (E)
≋ Rechner: Verarbeitung (V)
≋ Drucker, Lausprecher oder Bildschirm: Ausgabe (A)

Aber natürlich sei an dieser Stelle eingeräumt, dass der Anspruch, den Aufbau und die Funktionsweise eines PCs oder anderer elektronischer Geräte verstehen zu wollen, unrealistisch ist. Nichtsdestotrotz ist es angesichts der gesellschaftlichen Bedeutung des Themas „Information und Kommunikation" richtig, sich bereits im Kindergarten diesem Themenkomplex anzunähern.

Hinweis

Geräte auseinanderzubauen, ist für Kinder grundsätzlich eine tolle Sache. Wie wäre es, eine Schraubwerkstatt im Kindergarten einzurichten? Dabei sollte allerdings Folgendes beachtet werden:

Nicht alle defekten Geräte sind für eine Demontage empfehlenswert. Drucker oder Bildschirme etwa eignen sich nicht. Ausrangierte PCs oder CD- oder DVD-Player hingegen eignen sich sehr gut. Fragen Sie in Computerfach- oder Elektrogeschäften nach, ob es defekte Geräte zu verschenken gibt. Wichtig: Kappen Sie im Vorfeld stets die Netzstecker.

Besprechen und vereinbaren Sie neben den Werkstattregeln weitere, die speziell zur Demontage von diesen Geräten gelten. Zum Beispiel sollte klar sein, dass die Kinder keine Geräte mit Gewalt öffnen dürfen. Nur was sich mit Werkzeug öffnen lässt, darf geöffnet werden. Auch die Zerstörung kleiner Bauteile ist verboten.

Spiel und Spaß:
Haushalt und Freizeit

In diesem Kapitel geht es um all jene privaten Situationen, in denen Kinder mit Technik in Berührung kommen. Sie sind im Alltag umgeben von technischen Geräten, Gegenständen und Spielzeugen. Schon früh gehen Kinder vertraut mit Staubsauger, Kühlschrank und Fernseher um. Sie nutzen Wippen, Rutschen und Klettergerüste. Ein Anlass findet sich also immer, um mit den Kindern ihre Umgebung zu erkunden und dieses Themenfeld selbst zu entdecken. Wo überall begegnen Kinder technischen Gegenständen, die das Leben einfacher und leichter machen? Gibt es auch technische Erfindungen, die den Alltag erschweren? Welche Objekte kennen sie aus ihrem Handlungsumfeld? Welche Geräte kennen sie nicht? Welche Geräte warten nur darauf, dass sie von den Kindern erfunden werden? Schließlich sind sie die Technikerinnen und Techniker der Zukunft. Wendet man sich der Alltagstechnik im Haushalt und in der Freizeit zu, so erscheint allein eine Aufzählung technischer Geräte, die den Kindern täglich begegnen, nahezu uferlos. Der thematische Horizont reicht dabei vom Benutzen einer Geschirrspülmaschine über die Instandhaltung eines Fahrrads oder Skateboards bis hin zu den Themen der Werbung oder der Mediennutzung. In diesem Aktionsbuch soll es vor allem um praktische Beispiele gehen.

Möchten wir also in der Kita technische Problemstellungen im Rahmen dieses Handlungsfeldes anregen, so geht es in der Planungsphase um die Beantwortung der folgenden Fragen:

* Mit welchen Impulsen, mit welchen Ideen und mit welchen konkreten Fragestellungen, Themen bzw. ganzen Projekten können wir intensive praktische Lernsituationen für die Kinder ermöglichen?
* Wie können wir es erreichen, dass die Kinder darin technische Erfahrungen mit Selbstwirksamkeit verbinden?
* Welche Kompetenzbereiche (z.B. Technik verstehen und kommunizieren, Technik anwenden und entwickeln usw., siehe Kapitel 8) müssen angesprochen werden?
* Durch welche Handlungen können sich die Kinder Funktionszusammenhänge innerhalb dieses Problem- und Handlungsfeldes erschließen?

Eine gute Möglichkeit des Zugangs besteht zum Beispiel darin, die Erfahrungen der Kinder im Gespräch systematisch aufzugreifen, in dem man gemeinsam nach technischen Helfern im Alltag Ausschau hält. Was bzw. welche Objekte gibt es, die das Leben einfacher und leichter machen und die den Kindern bereits bekannt und für sie bedeutsam sind?

Elektrische Zahnbürsten und Staubsauger gibt es in Haushalten bereits. Könnte es nicht spannend sein, sich gemeinsam zu überlegen, welche technischen Geräte noch erfunden werden sollten, um das Leben in der Zukunft zu erleichtern? Ein Zimmeraufräumroboter, ein Schnürsenkelbindeapparat, eine Geschirrspülmaschine-Einausräum-Maschine usw. Vor allem Quatschmaschinen, die „irgendetwas" tun, stehen bei Kindern hoch im Kurs.

Interessant ist eventuell auch die Frage, welche heutzutage gebräuchlichen Geräte es vor rund fünfzig Jahren noch nicht gab (darüber könnten z.B. die Großeltern berichten) oder wie sich die technischen Geräte von damals verändert haben (sie wurden z.B. sicherer, umweltfreundlicher, vielfältiger, kleiner, billiger und vielleicht auch schöner).

Welche Spielzeuge sind neue Erfindungen, welche sind schon älter? Mit welchen Spielzeugen spielte man vor fünfzig oder hundert Jahren? Welche Spielzeuge wird es in fünfzig oder hundert Jahren geben?

Wie sich die Interessen der Kinder innerhalb des Projektes „Technik in Haushalt und Freizeit" entwickeln, ist schwierig vorherzusagen. Man kann jedoch davon ausgehen, dass die Kinder in einer technikdidaktisch vorbereiteten Lernumgebung vielfältige technische Ideen entwickeln.

Spielereien mit Holz

Bei diesen Aktionen beschäftigen sich die Kinder mit Werkstücken aus Holz – ein Werkstoff, der für kreatives technisches Arbeiten gerade in der Kita ideal ist.

Von Mauselöchern und Puzzles

Die Spielregeln für das Mauseloch-Spiel sind einfach. Jeder Spieler erhält fünf Hölzchen (es können auch weniger oder mehr Hölzchen verwendet werden). Die Löcher um die Mitte werden mit den Ziffern 1 bis 5 beschriftet. Das jüngste Kind würfelt und setzt seinen Spielstein (hier sind es Holzdübel) in das der Augenzahl entsprechende Loch. Bei den Löchern 1 bis 5 bleibt der Spielstein stecken und bei der Würfelzahl 6 fällt der Spielstein durch das Mauseloch in der Mitte. Bei der Zahl 6 darf eventuell noch einmal gewürfelt werden. Würfelt nun ein Spieler eine Zahl, die schon besetzt ist, muss er alle Spielsteine, die gerade auf dem Deckel stecken, nehmen. Alternativ nimmt er nur den Spielstein der gewürfelten Zahl. Für dieses sehr bekannte Spiel gibt es noch weitere Spielvarianten. Gewonnen hat, wer als Erster kein Hölzchen mehr besitzt.

Auch Soma-Würfel können bereits in der Kita gut hergestellt werden. Es gibt sieben Bauelemente bei diesem bekannten dreidimensionalen Puzzle.

Bei diesem Mauseloch-Spiel müssen die fünf Löcher um die Mitte noch mit den Ziffern 1 bis 5 beschriftet werden.

So sehen sie aus, die sieben Teile des Soma-Würfels.

Der Hund sieht gut aus.

Wurfmaschine:
Katapult

Ein „Tic Tac Toe"-Spiel mit passender
Holzschachtel zum Aufbewahren der
Spielsteine

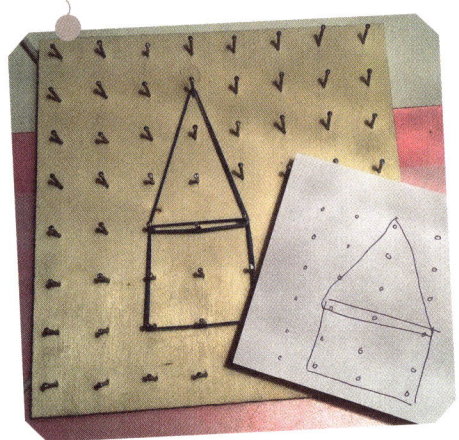

Mathematik und Technik:
Ein Nagelgeobrett

Turm mit dem Prinzip
des „stabilen Dreiecks"
(siehe Kapitel 8)

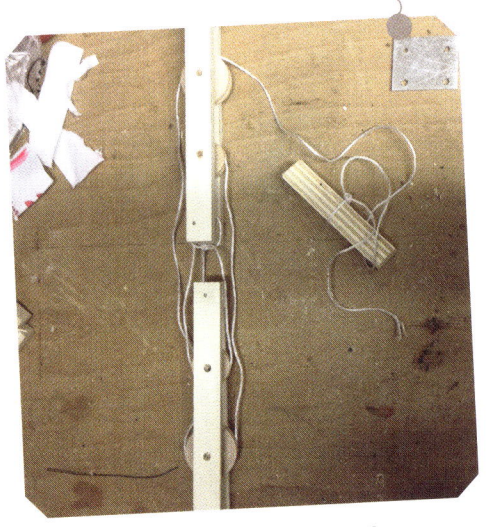

Flaschenzug

●|||||||| Und jetzt: Ideen zum Selbermachen

Hier werden Produkte vorgestellt, die Kita-Kinder und Grundschülerinnen und -schüler der ersten Schulklasse am Ende eines Technikprojektes hergestellt haben (siehe für die Ideen und Anregungen: Wehrfritz, n. d.).

Viele Ideen dazu sind denkbar:

- Tiere aus Holz
- Geräte bzw. Maschinen (Katapulte usw.)
- Spiele (Tic Tac Toe, Nagelgeobrett, Tischfußball usw.)
- Instrumente (Klangkörper, Zupfinstrumente aus Holz, Nägeln und Haushaltsgummi usw.)
- Vielleicht sogar ein Flaschenzug. Das ist allerdings schon sehr anspruchsvoll, denn es verlangt einiges an technischem Können. Mit Unterstützung klappt es jedoch gut und ein erstes Verständnis der Funktionsweise kann sich bei den Kindern anbahnen – „Denken mit den Händen" auf höchstem Niveau.

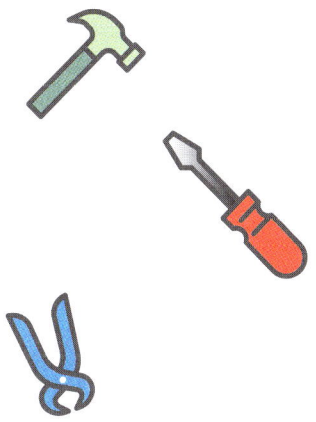

Elektrische Spielereien

Bei vielen Kindern entwickelte sich während des Ausflugs in die Elektrizität ein großes Interesse an technischem Arbeiten. Dies galt bei einigen vor allem dann, wenn diese „irgendetwas" mit Strom zu tun hatten.

Solarzellen, Summer, Batterien, Lämpchen, Motoren usw. faszinieren Kinder sehr, im Projekt waren einige geradezu „elektrifiziert". Dabei entwickelten sie auch ein handwerkliches Geschick.

⬤||||||| Der heiße Draht

Ein Geschicklichkeitsklassiker ist „Der heiße Draht". Die Kinder benötigen nur wenig Unterstützung und sind konzentriert bei der Arbeit.

Das wird für den Bau dieses Gerät benötigt:

- eine Batterie je nach Verbraucher (z. B. 4,5-Volt-Flachbatterie für Glühbirnchen (mit Fassung) oder 1,5-Volt-Batterien für einen Summer)
- Litze (Drähte, die als Leiter für den Strom dienen) oder Schaltdraht
- ein Holzbrett
- fester Draht (z. B. aus Floristendraht oder 1,5 mm dicker Schweißdraht)
- Rundholz für den Griff
- verschiedene Holzschrauben und eventuell Lüsterklemmen

Bei der Herstellung dieses Geschicklichkeitsspiels gibt es im Hinblick auf Kreativität sowohl im Design als auch in der technischen Ausführung große Freiheiten. Stets geht es jedoch darum, dass eine kleine und enge Drahtschlaufe durch einen, in vielen Bögen und Hindernissen gebogenen Draht gefädelt werden muss. Wer mit der Drahtschlaufe den Fädeldraht berührt, schließt einen einfachen Stromkreis und löst dadurch ein optisches Signal, zum Beispiel das Leuchten eines Fahrradlämpchens aus. Ebenso ist auch das Betätigen eines Summers möglich, also ein elektrischer Tonerzeuger, den es sehr günstig im Fachhandel zu kaufen gibt. Natürlich lässt sich auch das akustische und optische Signal kombinieren und nicht zuletzt kann der Gesamtaufbau auch zu einem Morseapparat umfunktioniert werden (siehe Kapitel 6).

Nachdem die Kinder verstanden haben, wie ein einfacher Stromkreis aus Spannungsquelle und Verbraucher aufgebaut ist, fällt ihnen die Konstruktion dieses Geschicklichkeitsspiels leicht (siehe Kapitel 5). Ein Pol der Spannungsquelle, am besten der Pluspol, führt beispielsweise zu einem Glühlämpchen oder einem Summer und von dort weiter zu dem in Bögen geformten Draht.

Der andere Pol der Spannungsquelle, am besten der Minuspool, wird mit der Drahtschlaufe, welche sich vorne am Holzgriff befindet, so verbunden, dass diese ringförmig um den Draht des Pluspols passt. Die Größe dieses Rings und die Form des „heißen Drahts" bestimmen die Schwierigkeitsstufe des Spiels. Berühren sich ungewollt Plus- und Minuspol, so wird der Stromkreis geschlossen und das Lämpchen leuchtet. Der Spieler war „ungeschickt".
Natürlich kann auch mit vorgefertigten Bausätzen gearbeitet werden. Diese können nach Lust und Laune der Kinder abgewandelt werden.

Bausatz für den heißen Draht

||||||| „Quatschmaschinen"

Großen Spaß bereitet es Kindern, wenn sie „verrückte" Maschinen zuerst nachbauen bzw. genauer: mit Hilfestellungen bauen, um sie danach selbst zu konstruieren bzw. zu erfinden. Das „Mit- bzw. Nachbauen" bezieht sich darauf, dass es sinnvoll und hilfreich ist, ein Modell vorzugeben oder eine erste Quatschmaschine gemeinsam zu erfinden. Danach kann frei weiter konstruiert werden. Wichtig ist dabei, dass die Kinder einen Fundus an geeigneten Materialien zur Verfügung gestellt bekommen.

Stellen Sie den Kindern für diese Aktion kleine Solarzellen und dazu passende Solarmotoren (diese gibt es günstig im Fachhandel) zur Verfügung, so brauchen Sie nur entsprechend kreatives (Abfall-)Baumaterial, und schon kann es losgehen.

Dadurch, dass die Solarzellen direkt an den Motor angeschlossen werden können, können die Kinder frei konstruieren. Zwar muss auf die Polung der Anschlüsse geachtet werden, was jedoch über die Farbcodierung der Anschlusslitze (Drähte, die als Leiter für den Strom dienen) in Schwarz und Rot einfach ist. Falls diese von den Kindern verwechselt werden sollte, dann finden sie den Fehler in aller Regel problemlos selbst.

Fantasieroboter: Der Flaschenkorken wurde nicht mittig auf der Motorwelle angebracht. Diese absichtliche „Schlamperei" bewirkt eine Unwucht, die wiederum dafür verantwortlich ist, dass der „Quatschroboter" bei Sonneneinstrahlung anfängt, sich zitternd fortzubewegen. Falls die Sonne nicht scheinen sollte, so hilft auch eine dynamobetriebene Taschenlampe. Was passiert, wenn der Korken festgehalten wird?

„Und was passiert, wenn ich den Korken bremse?" Am besten einfach ausprobieren.

Experimente im Freien: Was passiert, wenn wir die Solarzelle mit einem Herbstlaubblatt abdecken?

Malmaschine

Eine spannende Idee für eine kreative Aktion stammt aus der KON TE XIS Bildungswerkstatt, einem Modellprojekt für technische Bildung (Technische Jugendfreizeit- und Bildungsgesellschaft, n. d.).

Der Aufbau einer Malmaschine ist zwar keine schwierige oder gar aufwendige Angelegenheit, doch benötigen Kinder bei dieser Fertigungsarbeit Unterstützung, denn allein schaffen sie das nicht.

Das Kernstück dieser „Maschine" bildet ein sogenannter Axiallüfter, ein Ventilator, der zum Beispiel in Computern verbaut wird. Man bekommt solche Lüfter entweder geschenkt, zum Beispiel auf Nachfrage bei Computergeschäften, die diese aus defekten PCs herausmontieren können, oder sie können unter dem Stichwort „Axiallüfter 12 Volt", teilweise sehr günstig über das Internet bezogen werden.

Alle weiteren Bauteile sind leicht zu besorgen, wenn sie nicht bereits sogar für die Technikausstattung der Kita angeschafft wurden:

- eine 9-V-Blockbatterie
- ein Batterie-Anschlussclip
- falls gewünscht, eine Nylonclip-Rohrschelle (20 mm Durchmesser), die mit Heißkleber befestigt wird (die Batterie lässt sich auch direkt aufkleben)
- falls vorhanden: Lüsterklemmen. Die Anschlussverbindungen können aber auch einfach gut „verdrillt", also miteinander verdreht, und mit Isolierband umwickelt werden.
- Faserstifte
- Befestigungsschnur oder besser -kabel bzw. -draht, ideal sind auch Kabelbinder

Die Idee hinter der Malmaschine ist Folgende: Ein unversehrter Axiallüfter sollte rund bzw. „gewuchtet", das heißt, möglichst vibrationsfrei laufen. Brechen wir ein oder besser zwei nebeneinanderliegende Flügel im Propellerrad ab (das geht mit bloßen Händen recht einfach), so „verpassen" wir dem Rad eine deutliche Unwucht. Im Betrieb fängt die Maschine an, kräftig zu vibrieren und dies ist der Effekt, mit dem die Malmaschine arbeitet.

Der Aufbau der Malmaschine ist einfach. Wichtig ist vielleicht der Hinweis, dass manche Lüfter auch mehr als zwei Anschlüsse besitzen können. Die richtigen zu identifizieren geht am besten durch Ausprobieren, wobei meist die schwarz-rote Farbcodierung des Lüfteranschlusses mit der des Batterieclips übereinstimmt. Übrige Kabel werden möglichst nah beim Lüfter abgeschnitten.

Mit dem Malen geht es los, sobald der Lüfter über die Batterie mit Spannung versorgt wird, also der Batterieclip auf die Batterie aufgedrückt wird. Spektakuläre Malbilder sind ebenso vorprogrammiert wie die Aufmerksamkeit und der Spaß der Kinder.

Vielleicht kommen auch neue Ideen für eine Verwendung auf? In der Erprobung in der Kita sind die Kinder auf die Idee gekommen, den Antrieb (den vibrierenden Lüfter) umzufunktionieren mithilfe von Bürsten: Aus der Malmaschine wird eine „Schrubbmaschine", gleicher Antrieb, andere Funktion.

●|||||||| Hinweis

Sobald der Lüfter über die Batterie mit Spannung versorgt wird, also der Batterieclip auf die Batterie aufgedrückt wird, läuft er sofort an. Die Kinder müssen davor gewarnt werden, dass sie nicht in den Lüfter hineingreifen.

TIPP

Eltern für größere Arbeiten einbinden

Die Malmaschine

Malmaschine
in Aktion

Der Batterieclip wird auf
die Batterie gedrückt.

Ergebnis eines typisch tech-
nischen Vorgehens: Aus der
Malmaschine wird eine
„Schrubbmaschine".

Ein Spielhaus – gebaut mit Kindern und Eltern

Wird im Kindergarten ein Technikprojekt durchgeführt, so werden die Kinder davon zu Hause berichten. Nicht zuletzt bringen sie Werkstücke mit nach Hause, die das Interesse der Eltern wecken und es können technische Gespräche entstehen.

Gut möglich, dass sich manch ein Elternteil davon besonders angesprochen fühlt und seine Hilfe anbietet. Vielleicht bietet sich eine Eltern-Kind-Handwerkaktion an einem Samstag an? Schnell findet sich ein Technikprojekt, welches für den Kindergarten von praktischem Nutzen ist.

Hier kann zum Beispiel auch die Verwendung eines Akkuschraubers praktisch erprobt werden. Im regulären Kindergartenalltag ist dieses elektrische Gerät für die Kinder aus Sicherheitsgründen ein Tabu, dagegen kann es unter elterlicher und fachkundiger Aufsicht gegebenenfalls zum Einsatz kommen.

Aufgrund des schlechten Wetters wird im Eingangsbereich des Kindergartens gearbeitet. Doch was soll das nur werden?

„Na was meinst du?
Ist der Balken im
Lot?"

Eltern zeigen die Ver-
wendung eines Ak-
kuschraubers.

Fertig ist der Rohbau eines Spielhauses: „Da werden die anderen Kinder am Montag staunen, was wir heute gebaut haben."

Technik als eigenständiger Bildungsbereich

Jedes Konzept technischer Bildung sollte über das zugrunde gelegte Verständnis von Technik Rechenschaft ablegen, das fordert der Technikdidaktiker Burkhard Sachs (Sachs, 2001). Genau darum soll es in diesem Kapitel gehen (in Anlehnung an Friedrich, 2010a/b u. 2016).

Was ist Technik? Was verstehen wir darunter? Was unterscheidet in einer idealtypischen Unterscheidung die Technik von den Naturwissenschaften (Sachs, 2001). Es geht um das Spannungsfeld von Wissen und Handeln (Wiesenfarth, 1992 u. 1993). Vor allem: Warum ist es wichtig, Technik als eigenen Bildungsbereich auszuweisen? Und: Woher schöpfen wir dabei unsere Themen?

Ein Thema, das immer wieder im Zusammenhang mit technischer Bildung und Allgemeinbildung aufkommt, ist der Gender-Aspekt und dieser soll kurz diskutiert werden (in Anlehnung an Friedrich & Galgóczy, 2010).

Technik in Abgrenzung zu anderen Bildungsbereichen

Technik als eigenständiger Bildungsbereich hat eine wechselhafte Geschichte. Es lohnt sich, genauer nachzufragen, wie es dazu kam.

„Goethe und die Klospülung"
Die etwas provozierende Überschrift führt direkt zu einem Kern der Diskussion um technische Bildung, denn das Verhältnis von Technik und Allgemeinbildung war nicht immer einfach.

„Es scheint ein schwieriges Ding zu sein mit der Technik – jeder benutzt sie, sie ist in unserem Leben selbstverständlich, ja sie bestimmt unseren Alltag und doch, keiner oder besser kaum jemand will etwas von ihr genau wissen. Während wir die Natur verklären, vergöttern, in ihr Kontemplation suchen, scheinen wir die Technik eher zu verteufeln. Sie erscheint uns als Gegenentwurf zur Natur, nur dazu geeignet, uns von ihr zu entfremden. Und doch brauchen wir sie lebensnotwendig, ja unsere gesamte Zukunft hängt von ihr ab" (Giest, 2012, S.1).

Giest führt aus, dass es die technische Bildung von Anfang an schwer hatte, den ihr angemessenen Platz im allgemeinbildenden Schulsystem zu besetzen. Von einer Ausnahme in den 1950er- und 1960er-Jahren abgesehen galt sowohl in der Bildungspolitik als auch in der Pädagogik die Auffassung, dass ein fundiertes Technikverständnis im Gegensatz zur humanistischen Bildung wenig zur Erziehung mündiger Bürgerinnen und Bürger beiträgt. Geistige Arbeit, so die Auffassung vieler einflussreicher Bildungstheoretiker wie etwa auch Wilhelm von Humboldt (1767 – 1835), sei einfach qualitativ wertvoller als die niedere Arbeit des Technischen. Nicht zuletzt kann man sich als sichtbares Erkennungszeichen beim technischen Arbeiten auch noch die Hände beschmutzen.

Besonders prekär wurde das Ganze, bedingt durch anwachsende und immer offenkundigere ökologische Probleme, als diese technikkritische Haltung in den 1970er-Jahren teilweise in eine offen formulierte technikfeindliche umschlug.

Die Technik wurde fortan nicht mehr betrachtet als eine Wissenschaft, die Probleme lösen kann, sondern als das Problem selbst.

Auch, so Giest weiter, bildete sich diese Technikkritik bzw. Technikfeindlichkeit in den Folgejahren in den Bildungsplänen der Grundschulen ab und es ist davon auszugehen, dass eine frühe technische Bildung in den Kindergärten und Grundschulen wenig Raum hatte. Technik, so die Zusammenfassung, sei kein Bestandteil der Allgemeinbildung, sondern gehöre in die Berufsausbildung. Besonders pointiert drückte Ernst Fiala dieses Grundproblem im realen Bildungsgeschehen aus: „Die Diskussion über Goethes Liebschaften ist salonfähig, das Prinzip der Klospülung ist es nicht, obwohl sie doch zu unserem Alltag mehr beiträgt als jene" (1981, zitiert nach Friedrich & Giest, 2012).

Bei genauer Betrachtung fällt es schwer, dieser Aussage in Bezug auf technische Inhalte in unserem Bildungssystem zu widersprechen, denn wir können uns eine Welt ohne die Verwendung technischer Geräte kaum mehr vorstellen. Sprechen Sie deshalb mit den Kindern und reflektieren Sie gemeinsam, wie ein Alltag ohne Waschmaschine, ohne Elektroherd oder eben ohne Toilettenspülung usw. aussehen würde. Es ist erstaunlich, wie selbstverständlich uns die Verwendung technischer Produkte ist und wie diese den Tagesablauf erleichtern. Deshalb können wir gemeinsam mit Hartmut Giest die Frage stellen und erweitern, was es denn eigentlich Wichtigeres nicht nur für die Schule, sondern auch für die Kindergärten geben sollte, als den Kindern technisches Grundwissen und Können zu vermitteln.

Natürlich darf es dabei nicht darum gehen, unterschiedliche Bildungsbereiche gegeneinander auszuspielen. Eine Allgemeinbildung indessen, welche die Technik ausblendet, erscheint in unserer Zeit jedoch lückenhaft. Es geht also darum, eine Verortung technischer Themen im Kanon tradierter Bildungsinhalte vorzunehmen.

Was ist Technik überhaupt?

Als erste Antwortmöglichkeit auf diese Frage fallen uns wahrscheinlich weitere Objekte bzw. der Umgang mit diesen ein, die gerade auch für Kinder alltäglich sind: Wasserhahn, Fahrrad, Telefon bzw. Smartphone, Staubsauger, Computer, Föhn usw. Klar ist, dass sich diese Liste technischer Objekte nahezu beliebig verlängern ließe, und in der Tat ist es völlig korrekt, alle Gegenstände, welche Menschen künstlich erschaffen haben oder erschaffen möchten, dem Bereich des Technischen zuzuordnen. Menschen sind sowohl Schöpfer dieser Technik als auch deren Nutzende. Sie erfüllt Zwecke, befriedigt Bedürfnisse und umfasst somit auch mehr als das reine Bedienungs- und Umgangswissen damit.

In gängigen Lexika wird der Begriff häufig als eine Art umschrieben, wie Geräte, Mittel, Verfahren, Einrichtungen und Maßnahmen angewandt werden, um das Leben zu erleichtern oder angenehmer zu machen.

Aufschlussreich für die Fragestellung ist auch die Begriffsbestimmung von Carl Friedrich von Weizsäcker (1912–2007), der Technik als Mittel zum Zweck und gerade nicht als den Zweck selbst beschreibt.

Deutlich wird aus dem bisher bereits Gesagten, dass die Beschäftigung mit Technik mehr zu leisten hat als den Umgang mit der reinen Produktseite, denn Menschen sind sowohl Nutzende und Herstellende als auch Betroffene und Bewertende zugleich.

Nach Sachs ist Technik „das Ergebnis einer von Interessen geleiteten, zielgerichteten Auseinandersetzung von Menschen mit Gegebenheiten der Natur bzw. mit vorhandenen technischen Mitteln und Verfahren" (Sachs, 2001, S. 5).

Sachs möchte damit auch zum Ausdruck bringen, dass Technik nicht wertneutral ist, sondern stets verwoben ist

- in eine objektbezogene Dimension (z.B. können wir einen Morseapparat bauen?) und auch
- in eine gesellschaftliche Dimension (z.B. wie verändert sich unser Leben durch moderne Kommunikationsmittel?).

Technik, so seine Worte, sei nicht einfach von Sachzwängen bestimmt, sondern ist stets das Ergebnis von kreativen Problemlösungs- und Entscheidungsprozessen. Die Entstehungs- und Verwendungsgeschichte, die positiven als auch negativen Auswirkungen inklusive deren Folgen sollten deshalb ebenso mitbedacht werden wie die Funktionen, die Wirkungsweisen oder die Herstellungsverfahren.

Was Technik nicht ist

Was für eine seltsame Formulierung, mögen Sie denken. Doch führt sie noch präziser ins Zentrum dessen, was Technik in ihrem Wesenskern ausmacht.

Gut möglich, dass man bei der Formulierung zuerst an verschiedene Obstsorten denkt. Völlig klar ist jedenfalls, dass weder Kirschen noch Äpfel technische Objekte darstellen. So albern diese Feststellung erscheinen mag, so erkenntnisreich sind deren Folgen, wenn wir diesen Gedanken, er stammt wieder von B. Sachs, konsequent zu Ende denken.

„Technik wächst nicht an Bäumen. Technik ist Menschenwerk" (Sachs, 2001, S.5). Mit dieser schlüssigen Formel gelingt es ihm, zentrale Unterscheidungsmerkmale der Technik im Vergleich zu den Naturwissenschaften zu illustrieren. Letztere beschäftigen sich nämlich damit, was von Natur aus da, also schon vorhanden ist. Die Technik bzw. die Technikwissenschaften tun dies aber gerade nicht. Im Gegenteil: Ihr Gegenstandsbereich zielt auf das, was Menschen in einem kreativen Schöpfungsprozess schaffen bzw. genauer, was sie noch schaffen möchten. Ihre Gegenstände sind deshalb allesamt künstlich hergestellt, oder wie es auch heißt, es sind Artefakte.

Die Technik bzw. die Technikwissenschaften sind in ihrer Absicht deshalb Gestaltungswissenschaften. Die Naturwissenschaften sind dies nicht. Während die Naturwissenschaften das Ziel verfolgen, grundlegende Erkenntnisse über naturgegebene Gesetzmäßigkeiten zutage zu fördern, zielt die technische Praxis darauf ab, eine Verbesserung der Lebensbedingungen zu erzielen. Mittels der Herstellung und des Gebrauchs technischer Errungenschaften möchten wir unsere Umwelt lebensverbessernd gestalten bei aller Widersprüchlichkeit, die diese Absicht in der Realität oft mit sich bringt.

Ein Bügeleisen, das an einem Baum wächst? Solch eine absurde Vorstellung wird auch die kühnste Pflanzengentechnik niemals erfüllen können.

Wie gelingt technische Bildung?

Ist der Bildungsbereich Technik soweit erst einmal umschrieben, stellt sich die Frage der Umsetzung in die Praxis. Auch hier bringt die Herangehensweise über eine Abgrenzung vor allem zu den Naturwissenschaften den Schlüssel zum Verständnis.

Benötigt technisches Können naturwissenschaftliches Wissen?

Die Wissenschaften Technik und Naturwissenschaft werden oft in einem Atemzug genannt. Es wird vorausgesetzt, dass zwischen beiden ein enger Zusammenhang bestehen müsse. Verbreitet ist die These, dass technische Praxis nichts anderes sei als die Anwendung naturwissenschaftlicher Theorie.

Gewiss existieren diesbezüglich Überlappungsbereiche, allem voran in der Spitzentechnologie. Auch in diesem Buch finden sich Aktionen oder Beispiele, bei denen ein naturwissenschaftliches Verständnis hilfreich ist (z. B. beim Thema Bau eines Heißluftballons, siehe Kapitel 3). Dennoch sind die didaktischen Folgerungen, die sich aus einer abstrakten Trennung beider Wissenschaftsdisziplinen gewinnen lassen, fruchtbar und vor allem sehr lohnend.

Ebenso interessant wie verblüffend ist es, dass nachweislich in der Geschichte der Technik naturwissenschaftliche Erkenntnisse oft keine allzu große Rolle spielten. Viele funktionierende technische Errungenschaften sind sogar entstanden, obwohl die damaligen (oft im Nachhinein) dazu entwickelten naturwissenschaftlichen Erklärungsmodelle bewiesenermaßen falsch waren. Ein bekanntes Beispiel dafür ist die Dampfmaschine, zu deren Siegeszug wesentlich James Watt (1736–1819) beitrug. Er selbst war Anhänger einer aus heutiger Sicht abstrusen und völlig falschen Theorie des Verbrennungsprozesses, die Phlogiston-Theorie genannt wurde. Die Technik funktionierte, obwohl die Theorie dazu falsch war oder, auch sol-

Auch diese beiden Kinder besitzen weder statische noch konstruktive Theoriegrundlagen zur Standsicherheit von Türmen.

che Beispiele gibt es zuhauf, zunächst erst gar nicht vorhanden war. In der Zeit, um auch hier ein Beispiel zu nennen, als die ersten funktionstüchtigen Flugzeuge gebaut wurden, existierte ebenso wenig eine Theorie der Aerodynamik, wie auch der Bau der ersten gewaltigen Kathedralen ohne eine Theorie der Baustatik auskam. Natürlich drängt sich an dieser Stelle die Frage auf, wie es dennoch möglich war, solche komplexen technischen Leistungen ohne ein fundiertes Theoriewissen zu vollbringen.

Die Antwort führt uns nun endgültig ins Zentrum didaktischer Überlegungen einer frühen technischen Bildung. Wir können dabei Parallelen zwischen der Geschichte der Technik und den Stadien der psychologischen Entwicklung der Menschen unterstellen, an deren Beginn kein Theoriewissen, sondern allem voran Handlungs- bzw. Erfahrungswissen von Interesse ist.

Ein Beispiel soll dies illustrieren:

Das abgebildete Fünfeck ist instabil. Trotz festen Verschraubens bleibt es beweglich.

Wird eine Querstrebe aufgesteckt, so entsteht stets ein Drei- und ein Viereck.

Muss das Kind kognitiv verstehen, warum das Viereck instabil bleibt, das Dreieck hingegen nicht? Oder reicht es nicht vielmehr aus, es mit den Händen zu erfahren?

Dieses Kind baut eine Kugelbahn.

Denken mit den Händen ganz konkret: Die Kinder probieren einfach aus, ob eine Kraftübertragung mittels „Kronenkorkenzahnrädern" funktioniert.

Probehandeln als didaktisches Prinzip

Vermutlich kennen Sie die Vorstellung, dass Praxis letztlich angewandte Theorie bzw. angewandtes Wissen sei. Nicht zuletzt könnte es auch sein, dass der Philosophie der Trennung einer (frühen) allgemeinen Bildung inklusive deren alltäglicher schulpädagogischer Realität und einer (späteren) beruflichen Bildung zumindest ansatzweise diese Vorstellung zugrunde liegt.

Wären die genialen Konstrukteure der Vergangenheit jedoch ausschließlich nach diesem Prinzip vorgegangen, wäre kaum etwas für die Praxis Folgenreiches bei ihren Arbeiten herausgekommen. Sie beschritten den genau umgekehrten Weg. Aufgrund ihres bisherigen in der Praxis erworbenen Erfahrungs- und Handlungswissens probierten sie einfach praktisch aus, mit welchen Abänderungen, Modifikationen des bisher technisch Vorhandenen sie ihrem Ziel näherkommen konnten. Sie kamen durch Ausprobieren ans Ziel.

Ähnlich gehen Kinder auch im Spiel vor, zum Beispiel beim Bau einer Kugelbahn. Nach jedem Erweiterungsschritt wird überprüft, ob die Kugel immer noch gut hinunterrollt. Falls das nicht der Fall sein sollte, so wird an der bisherigen Konstruktion etwas verändert und überprüft, ob diese Änderung den gewünschten Verbesserungseffekt bewirkt. Erst danach wird wieder eine Erweiterung vorgenommen.

Solch ein Probehandeln, wir könnten auch sagen, solch spielerisches Ausprobieren, solch ein „Denken mit den Händen" ähnelt einem „learning by doing" und fußt auf dem bisher erworbenen praktischen „Know-how", dem bereits verinnerlichten Erfahrungs- und Handlungswissen. Es hat deshalb wenig mit einem naiven Versuch-und-Irrtums-Lernen gemein.

Technisches Handeln ist praktisches Handeln und stets tätigkeitsorientiert. Technik, welche nur auf dem Papier stattfinden würde, verfehlte ihr eigenes Ziel, denn Technik zielt auf die konkrete Gestaltung der Lebensumwelt und nicht auf eine theoretische.

In besonderem Maße gilt dies für das frühe technische Handeln. Es vollzieht sich im Elementaren weitgehend in Form des Probehandelns, welches unmittelbar die Lösung eines alltäglichen Problems zum Ziel hat. Um solch ein Problem zu lösen, bedarf es keiner vorweg verinnerlichten, theoretischen Wissensbasis, keiner begrifflichen Theorie. Ein Kind muss nichts über Drehmomente, Kraftübertragung oder Reibungskräfte „wissen", um ein Fahrgestell zu bauen oder zu optimieren.

Kinder nähern sich dem Konstruieren, Planen und Probehandeln vielmehr durch einen unmittelbaren Einstieg in das aktive, selbstwirksame Handeln mit konkreten Materialien. Es ist die den Kindern eigene Art, sich die Welt zu erschließen.

Eine notwendige und unerlässliche Voraussetzung für das Gelingen in diesem Kontext ist, dass diese Materialien und gegebenenfalls das zu deren Bearbeiten geeignete Werkzeug auch vorhanden sind. Das vorgegebene und für die Kinder sichtbare Material steuert den Problemlösungsprozess maßgeblich.

Auch das gemeinsame Betrachten von entsprechenden Bilderbüchern ist eine tolle Sache.

Auch wenn die kreative Praxis im didaktischen Zentrum einer frühen technischen Bildung stehen sollte, so bedeutet dies nicht, dass andere Methoden nebensächlich oder gar belanglos wären. Im Gegenteil: Natürlich kann ein Lehrgang (z.B. „Wie flicke ich einen Fahrradschlauch?"), eine Montageaufgabe (z.B. ein elektrischer Bausatz), eine Produktanalyse (z.B. „Wie ist eine Fahrradluftpumpe auf- bzw. zusammengebaut?"), ein themengebundenes oder freies Gespräch („Was wisst ihr bereits über das Thema Papierverwertung, was interessiert euch daran?"), eine Betriebserkundung usw. eine geeignete Möglichkeit sein, die Kinder für die Welt der Technik zu begeistern. Auch in diesem Buch finden sich entsprechende Beispiele.

Technik fragt anders als Naturwissenschaft

Doch welcher Art sind die Probleme der Technik, wie unterscheiden sich diese von Problemen innerhalb der Naturwissenschaft? Was sind die zentralen Fragen, die die beiden Wissenschaftsdisziplinen an die Welt stellen? In der idealtypischen Gegenüberstellung offenbaren sich auch hier wieder grundsätzliche Unterschiede. Nehmen wir an, die Kinder beschäftigen sich mit Schiffen. Eine naturwissenschaftliche und in diesem Falle physikalische Fragestellung könnte vielleicht lauten: Warum schwimmen die Schiffe überhaupt und gehen nicht unter?

Vielleicht antworten die Kinder: „Weil sie leichter sind als Wasser." Ist das nun richtig oder falsch? Es ist falsch und die richtige Antwort ist für Kinder im Vorschulalter alles andere als einfach und lautet: „Weil ihre Auftriebskraft größer ist als ihr Eigengewicht." Um sie zu verstehen, müssten die Kinder bereits das physikalische Konzept der Kraft als Wechselwirkungsgröße bzw. einer gerichteten Größe verstanden haben. Die Physik spricht hier von einer vektoriellen Größe.

Aufschlussreich ist in diesem Zusammenhang wieder vor allem die entsprechende technische Perspektive auf das gleiche Thema. Blicken wir nämlich durch eine ausschließlich technische Brille, so ist die Antwort auf die Frage, warum Schiffe schwimmen, zunächst uninteressant und sogar bedeutungslos.

Die Fragestellung der Technik zielt nicht auf die physikalischen Bedingungen, warum etwas schwimmt, sondern beispielsweise auf die Frage: „Wie können wir es schaffen, dass sich das Schiff nach vorn bewegt?".

Weiter kann man feststellen, dass auch die Beurteilungskategorie der naturwissenschaftlichen Antworten in „richtig" und „falsch" in der Technik in aller Regel überhaupt nicht existiert.

Weder ein Kohle- noch ein Kernkraftwerk, weder eine Windkraft- noch eine Photovoltaikanlage ist aus technischer Perspektive nach den Kategorien „richtig"

oder „falsch" zu beurteilen, sondern es gilt abzuwägen, welche Energiegewinnungsformen angesichts vorhandener Ressourcen, möglicher Gefahren, der Baukosten usw. vorteilhafter in der Gesamtbewertung sind als andere. Auch dürfte sowohl das technische als auch das gesellschaftlich-politische Urteil darüber heute anders ausfallen, als es noch vor fünfzig Jahren der Fall war.

Aber auch ein Schiff schwimmt nicht – in naturwissenschaftlichen Kategorien – „richtig" oder „falsch" nach vorne, sondern es funktioniert eben gut, weniger gut oder gar nicht. Um Technik zu bewerten, geht es nicht um „richtig" oder „falsch", sondern um gut oder schlecht passend.

Ein anderes Beispiel: Es gilt, das Bauwerk einer Brücke zu bewerten, die das Ziel hat, ein Hindernis zu überwinden. Ob die Brücke zweckdienlich oder unzweckmäßig ist, müssen wir unter dem Aspekt der technischen Anforderungen beurteilen, welche Aufgaben speziell diese Brücke zu erfüllen hat: „Welches Gewicht muss die Brücke mindestens aushalten? Existieren genügend Sicherheitsreserven bezüglich des Gewichts? Steht die Brücke für ihre Aufgaben an der richtigen Stelle? Ist der Bauaufwand dieser Problemstellung angemessen? Steht dieser in einem vertretbaren Verhältnis zum Herstellungspreis?" usw.

Klar wird auch hier, dass diese Fragen nicht im Sinne von „richtig" oder „falsch" beantwortet werden können, sondern die Brücke ist vor dem Hintergrund dessen, was sie zu leisten hat, entweder gut oder schlecht, sie taugt etwas oder eben nicht. Allgemeiner formuliert lauten die Fragen der Technik also:

- Wie können technische Neuerungen, Entwicklungen und Erfindungen zukünftig der Befriedigung unserer Bedürfnisse dienen?
- Was nützt die Technik und wem nützt sie?
- Welche Gefahren birgt diese Technik? Wem könnte sie jetzt oder auch in Zukunft schaden?

Übersetzen wir diese Fragen in die Kindersprache, so könnten sie so lauten:

- Wozu ist das gut?
- Wie bekomme ich das hin?
- Wie werde ich daran arbeiten?
- Was kann ich damit machen?
- Was bringt uns das?
- Ist das gefährlich? usw.

Insgesamt geht es bei technischen Fragestellungen darum, dass sie in die Zukunft gerichtet sind. Solche Fragen liegen Kindern nahe, nicht zuletzt auch aus entwicklungspsychologischen Gründen.

Technikbildung als Kita-Konzept

Ein Konzept für die technische Bildung in der Kita muss das Denken und Handeln der Kinder mit der didaktischen Konzeption einer frühen technischen Bildung zusammenbringen. Welche Inhalte sollen vermittelt werden und welche Kompetenzen erworben? Was hier möglich ist, zeigen die folgenden Ausführungen.

Die „Warum-Fragen" oder was Kinder wissen wollen

Wer kennt sie nicht, die oft und hartnäckig gestellten Warum-Fragen von Kindern: Warum schwimmt ein Schiff? Warum leuchten nachts die Sterne? Warum ist der Himmel blau? Warum ist Schaum weiß? Warum taut Eis durch Salz? usw.

Solche Warum-Fragen werden als Beleg dafür gesehen, dass Kinder in hohem Maße an naturwissenschaftlichen Fragestellungen interessiert sind. Auch wenn viele Kinder dies ohne jeden Zweifel sind, so lohnt an dieser Stelle eine genauere Betrachtung.

Denn hören wir den Kindern bei ihrer Antwortfindung aufmerksam zu und analysieren diese, so können wir feststellen, dass sich hinter solchen Warum-Fragen nicht immer ein ausschließlich naturwissenschaftliches (Erkenntnis-)Interesse verbirgt, sondern ein Interesse, welches eine größere Nähe zum Grundanliegen der Technik aufweist.

Warum regnet es? Eine naturwissenschaftlich korrekte Antwort käme kaum ohne die Begriffe Wasserdampf, Kondensation durch Abkühlung, Atmosphäre oder Wasserkreislauf aus. Dies sind allesamt Begriffe, die geeignet sind, die kausale Ursache des Phänomens Regen zu erklären.

„Schau, habe ich das nicht toll gemacht?
Die Stacheln habe ich ganz alleine
in den Igel hineingenagelt."

Eine kindliche Antwort wäre etwa diese: „Weil die Blumen Durst haben." Ebenso könnte auch die Sonne aus deren Perspektive abends deshalb untergehen, weil sie vom langen Scheinen müde wäre und nun schlafen ginge.

Interessanterweise liefern diese Antwortbeispiele bildungstheoretische Hinweise, warum neben dem unstrittig vorhandenen Interesse der Kinder an den Naturwissenschaften für sie auch gerade die frühe Technik besonders attraktiv sein könnte. Denn sie zielen allesamt auf keine kausale, sondern auf eine finalistische Deutung des Problems.

Ganz in ihrem kindlich-realistischen bzw. egozentrischen Denken beheimatet, ist nicht die (kausale) Ursache interessant, sondern das Ziel, der Sinn oder der Zweck. Die Warum-Fragen der Kinder entpuppen sich bei genauerem Hinsehen nicht selten als in die Zukunft gerichtete Wieso- bzw. Wozu-Fragen; Fragen, die auch der Technik immanent sind.

Nicht: Warum schwimmt das Schiff, fährt das Auto?, sondern: Wozu ist es da? Was können wir damit machen? Wie können wir es bauen? usw. Nicht eine Wissenschaftsorientierung steht im Vordergrund, sondern eine Orientierung an der Lebenswelt der Kinder.

Hinzu kommt, dass die aktive, das ganze Kind erfassende Produktgestaltung (sie ist das wesentliche Element früher technischer Bildung) für Kinder sehr attraktiv ist.

„Der Mensch, das Menschenkind will Dinge machen ... wonach das Kind verlangt, ist der eigene Anteil an diesem Werden der Dinge; er will das Subjekt des Produktionsvorgangs sein", so sagt es der Philosoph und Theologe Martin Buber (1953, zitiert nach Wiesenfarth, 1993, S. 33).

In der Tat: Fertige, selbstgeschaffene Produkte oder konkrete Lösungen im Rahmen technischer Problemstellungen sind für Kinder in aller Regel Anlass größten Stolzes.

Technik erschließen

Doch wie gelingt es, geeignete Themen zu finden? Wie lässt sich Technik für Kinder erschließen? Nach welchen Kriterien soll man man mögliche Inhalte auswählen? Verständlicherweise sind Fachpersonen an einer Systematik interessiert, die sich der Beliebigkeit entzieht. Sollen, müssen, wollen wir die verschiedenen Fachgebiete der Technik für die Vorschulkinder berücksichtigen? Also zum Beispiel alphabetisch beginnend bei der Agrar-, Abfall- und Automatisierungstechnik über Verfahrens-, Verkehrs- und Versorgungstechnik hin zur Zerspanungstechnik?

Es wird sofort klar, dass die Aufgabe auf diese Weise nicht zu bewältigen ist. Es existieren weit über fünfzig verschiedene Einzeldisziplinen der Technik, wobei interdisziplinäre Kombinationen noch nicht mitgezählt sind. Jede ausgewählte Fachdisziplin wäre für sich genommen so umfangreich, dass eine Auswahl zwangsläufig willkürlich erschiene. Die Energietechnik etwa würde die Funktionsweisen von Kohle-, Windkraft- oder Wasserkraftanlagen usw. bis hin zur Problematik der Klimaerwärmung umfassen.

Vielversprechender erscheint es, wenn zur Beantwortung der Frage, welche bildungswirksamen Inhalte für die Kinder im Vorschulalter unverzichtbar sind, die Blickrichtung geändert wird. Schauen wir aus ihrer Perspektive auf das große Gebiet der Technik, so ergibt sich eine klare und überschaubare Darstellung.

Folgende Fragen stehen hier im Mittelpunkt:

- In welchen Lebenssituationen kommen Kinder in der Kita, in ihrem Alltag mit Technik in Berührung?
- Aus welchen technischen Themenfeldern lassen sich selbstwirksame, technische Bildungsinhalte ableiten?
- In welchen Lebens- und Handlungssituationen sind technische Kompetenzen vonnöten, um Technik zu bewältigen?
- Und schließlich: Um welche Kompetenzen handelt es sich?

Innerhalb der (wissenschaftlichen) Technikdidaktik zeichnet sich schon seit Längerem ein weitgehender Konsens darüber ab, welche konkreten Problem-, Handlungs- und Lernfelder oder kurz: Themenfelder hier zu benennen sind. Diese Themenfelder – es sind insgesamt sechs – sind offene thematische Einheiten, die sich an gegenwärtigen und zukünftig zu bewältigenden Lebenssituationen orientieren. Aber auch bezüglich der darin von den Kindern zu erwerbenden technischen Kompetenzen besteht innerhalb der Technikdidaktik ein Konsens.

Insgesamt lässt sich dieser Ansatz so umschreiben, dass dabei das Kind im Mittelpunkt des Bildungsprozesses steht und nicht, wie es bei älteren didaktischen Ansätzen häufiger der Fall war, der zu lernende Stoff oder die lehrende Person.

Sechs Themenfelder

Die Sprache der Wissenschaft ist oft wenig einladend. Auch die Namen dieser sechs Themenfelder laden nicht zwingend zum Handeln ein, weshalb dahinter Umschreibungen stehen, die andeuten, für welche Inhalte sie in der Kita stehen können und wie sie als Kapitelüberschrift auftauchen.

Die sechs Themenfelder der Technik

- Produkt und Produktion oder: „Fleißige Handwerker"
- Transport und Verkehr oder: „Von hier nach da"
- Bauen und Wohnen oder: „Stein auf Stein"
- Versorgung und Entsorgung oder: „Aus Alt mach Neu"
- Information und Kommunikation oder: „Hallo?!?"
- Haushalt und Freizeit oder: „Spiel und Spaß"

Diese Themenfelder sind als Orientierungsrahmen zu verstehen (siehe auch Kapitel 1), der vor dem Hintergrund des rasanten technischen und damit verbundenen gesellschaftlichen Wandels als ein inhaltlich offenes Rahmenmodell zu betrachten ist. Sie dienen als Suchfelder und Ideengenerator für die Umsetzung konkreter Inhalte mit den Kindern, so wie es in diesem Aktionsbuch umgesetzt ist.

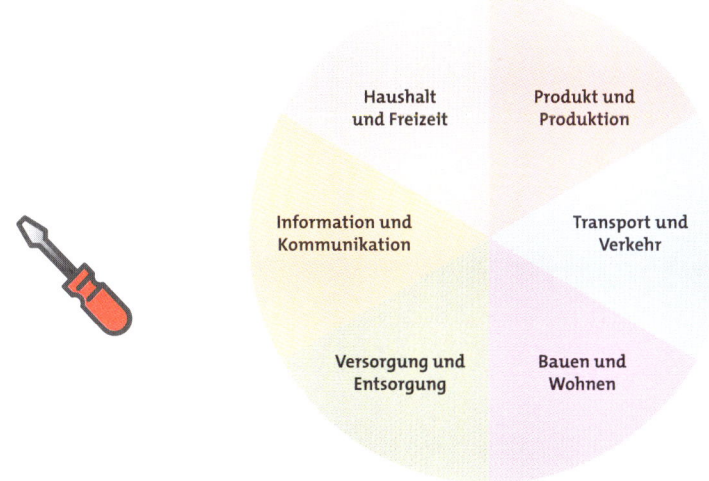

Fünf grundlegende technische Kompetenzen

Innerhalb der Didaktik existiert auch ein Konsens in Bezug auf den technischen Kompetenzerwerb. Dieser wurde in Bezug auf die Primarstufe formuliert (Gesellschaft für Didaktik des Sachunterrichts, 2013, S. 65–68), er lässt sich gleichwohl ohne Weiteres auch auf die Elementarstufe übertragen.

Möller fasst zusammen, dass „unter dem Aspekt des Erlernens technischer Denk-, Arbeits- und Handlungsweisen" fünf prozessbezogene Kompetenzen gefördert werden können (Möller, 2016, S. 216).

Im Einzelnen sind dies:

- Technik nutzen
- Technik konstruieren bzw. herstellen
- Technik erkunden und analysieren
- Technik bewerten
- Technik kommunizieren

Ein Mensch verfehlt seine technische Mündigkeit, wenn er Technik ausschließlich unreflektiert anwenden, also etwa nutzen, herstellen und konstruieren kann. Die Kompetenz, Technik umfassend bewerten zu können, erscheint im 21. Jahrhundert jedenfalls notwendiger denn je.

Dennoch ist es für eine frühe technische Bildung hilfreich, diese fünf Bereiche eines kompetenzorientierten Technikverständnisses nicht als gleichwertige Ansprüche nebeneinander zu stellen. Sie scheinen eher aufeinander aufzubauen. Die Erfahrungen in dem in diesem Buch vorgestellten Projekt legen es nahe, dass vor allem die Kompetenzen, die in der konkreten Praxis erworben werden können, eine eigene, intrinsisch motivierte Dynamik entwickeln. Kinder finden über das aktive, selbstwirksame Handeln mit konkreten Materialien am natürlichsten einen Zugang zur Welt der Technik.

Mit welchen Inhalten wir dies den Kindern ermöglichen können, wird im Hauptteil dieses Aktionsbuch anhand von Beispielen gezeigt. Das Ziel, Technik kommunizieren und bewerten zu können, darf jedoch ebenso wenig aus dem Blick geraten, wie wir uns auch bewusst sein sollten, dass beim technischen Arbeiten die Kinder selbstredend viele weitere Kompetenzen erwerben.

Exkurs: Technik und Geschlecht

Ein Aktionsbuch über Technik zu schreiben, ohne dabei die der Technik innewoh-
nende Gender-Problematik anzusprechen, wäre unvollständig, denn es ist immer
noch so, dass dieses Themenfeld eher eine Männerdomäne ist. Der Begriff „Gen-
der" bezeichnet dabei nicht das biologische Geschlecht, sondern die aufgrund des
biologischen Geschlechts zugeschriebenen Rollen und Fähigkeiten. Er adressiert
die sozialen und kulturellen Deutungen, die eine Identität als Frau, Mann oder di-
vers schaffen.

Letztlich sind es soziokulturelle Konstruktionen, denen man in vielen Situationen
begegnet, oft schon in den ersten Lebenswochen, wenn vermeintlich über die Far-
be der Babykleidung auf das Geschlecht geschlossen wird, hellblau für die Jungen,
rosarot für die Mädchen.

Solche genderspezifischen Stereotype manifestieren sich zunehmend, meist auch
ganz unbewusst und sie bestimmen die Wahrnehmungen öfter, als wir zuzugeben
bereit sind. Ein einfaches Beispiel mag dies verdeutlichen: Welchem Geschlecht
ordnet man wohl diese Dinge zu, zum Beispiel als ein mögliches Geburtstagsge-

schenk: eine Nähmaschine, eine Gesichtscreme, eine Schlagbohrmaschine oder ein Schweißkurs an der Volkshochschule? Das Denken über Frausein oder Mannsein erstreckt sich in viele Lebensbereiche und ein Innehalten und Nachdenken kann offenbaren, wie viel davon unreflektiert in den Alltag übernommen wird.

Zumindest im Fach Technik findet man in der Vergangenheit wesentliche Ursachen für eine Vielzahl überholter Gender-Zuschreibungen. 1790 schrieb zum Beispiel der deutsche Verleger, Sprachforscher und Pädagoge Joachim Heinrich Campe (1746 – 1818) in seinem „Väterlichen Rath für meine Töchter", den er der „erwachsenen weiblichen Jugend" gewidmet hat, Folgendes:
„Gott selbst hat gewollt, und die ganze Verfassung der menschlichen Gesellschaft auf Erden, soweit wir sie kennen, ist darnach zugeschnitten, daß nicht das Weib, sondern der Mann das Haupt sein sollte. Dazu gab der Schöpfer dem Manne die stärkere Muskelkraft, die straffern Nerven, dazu den größern Muth, den kühnern Unternehmensgeist und mehr umfassenden Verstand."

Diese Zuschreibungen und Einteilungen sind aus heutiger Sicht natürlich unsinnig. Dennoch müssen wir uns bewusstmachen, dass diese Auffassung zur damaligen Zeit – es war die Zeit der beginnenden industriellen Revolution – in breiten Bevölkerungsschichten, nicht zuletzt auch im Bildungsbürgertum durchaus gängig war.

Die industrielle Revolution selbst lässt sich einerseits gesellschafts- und sozialpolitisch extrem negativ beschreiben, und zwar als eine Epoche größter sozialer Missstände und des Massenelends, andererseits handelte es sich jedoch um einen Zeitraum größter technischer Entwicklungen und Erfindungen. Mädchen und Frauen hatten damals jedoch schlicht keinen Zugang zur Technik – er wurde ihnen von männlicher Seite verwehrt.
Doch auch im 21. Jahrhundert ist immer noch zu erkennen, dass Frauen weniger Chancen erhalten als Männer, technikspezifische Fähigkeiten, Fertigkeiten und Interessen in ihrer Kindheit auszubilden. Das hat vermutlich verschiedene Gründe:

- Sowohl in Kindergärten als auch in Grundschulen ist der Anteil an Frauen deutlich größer als der von Männern. Auch wenn bereits Annäherungen zwischen den Anteilen der Geschlechter festzustellen sind, so ist die Elementar- und Primarstufe im heutigen Bildungssystem tendenziell eine Frauendomäne. Hier, so müssen wir feststellen, spielt eine technische Grundbildung eine untergeordnete Rolle, sie findet nur sehr geringe Beachtung.
- Wahrscheinlich ist, dass der Mädchen und Frauen jahrhundertelang verwehrte Zugang zur Welt der Technik eine Langzeitwirkung entfaltete und es immer noch tut.

- Ebenso ist es wahrscheinlich, dass diese Umstände bewirkten, dass technische Bildungsinhalte eine „typisch männliche" Handschrift tragen, die möglicherweise Frauen abschreckt, sich damit zu beschäftigen.
- Die untergeordnete Rolle der Technik hat zweifellos aber auch andere Ursachen, zum Beispiel bildungsphilosophische.

Unabhängig von der Genderfrage ist es jedoch letztlich so, dass Kinder sich nur dann für die Welt der Technik begeistern lassen, wenn sie auch mit Technik in Berührung kommen. Wie sollten sich Kinder, egal, ob Mädchen oder Jungen, für etwas interessieren, wenn sie nicht erfahren, um was es sich dabei handelt?

Natürlich ist es aber zu einfach gedacht, wenn wir behaupteten, Kinder würden ausschließlich durch Erziehungsprozesse und gesellschaftliche Erwartungshaltungen in ihren Interessen an und ihren Neigungen für Technik beeinflusst. Deshalb ist es eher müßig, die Frage beantworten zu wollen, warum die meisten Jungen in der Spielecke eher zum Bagger und die Mädchen eher zum Puppenwagen greifen. Viel interessanter, konstruktiver und letztlich zielführender ist es, eine technische Grundbildung so anzubieten – die – um im Bild zu bleiben – technische Aspekte sowohl beim Bagger als auch beim Puppenwagen zum Gegenstand macht.

Das beinhaltet den Vorteil, dass sowohl Jungen, Mädchen oder ein „drittes Geschlecht" mit allen technischen Produktwelten in Berührung kommen. Jedes Kind kann so seinen individuellen, persönlichen und von falschen Zuschreibungen und Erwartungshaltungen unabhängigen Zugang zur Technik finden.

Wichtig ist dabei, dass Kinder nur dann Interesse für und an Technik ausbilden können, wenn sie mit dieser überhaupt in Kontakt kommen.

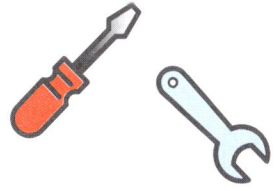

Ausblick

Das Aktionsbuch soll die Welt der Technik im Elementarbereich eröffnen, aber ein Anspruch auf Vollständigkeit lässt sich hier kaum verwirklichen. Dazu ist die Auswahl an möglichen konkreten Themen zu umfangreich. Auch können wir im Vorfeld nicht wissen, welche Ideen die Kinder entwickeln, bzw. welche Technik sie selbst erfinden werden.

Es fehlen Exkurse

- über das Töpfern,
- über das Nähen,
- die Mechanik,
- den Magnetismus
- über technische Berufe oder
- Metallkunde usw.
- ebenso, wie auch unzählige schöne Einzelbeispiele, die sich unter der Überschrift „Frühe technische Bildung" fassen ließen.

Natürlich hätten es zum Beispiel das Kerzenziehen oder das Korbflechten ebenso verdient dargestellt zu werden wie etwa der Bau einer Seifenblasenmaschine oder eines Insektenhotels. Sehr wahrscheinlich fallen Ihnen an dieser Stelle viele weitere Inhalte ein, die Sie entweder vermissen oder die Sie bereits in Ihrer Einrichtung praktizieren.

Wer angesichts der Inhalte des Theorieteils etwa an Themen wie Demontageanalyse einer Luftpumpe, Durchführung einer Verkehrsbeobachtung, Folgeabschätzungen unseres Energiehungers oder Thematisierung von Kinderarbeit in der Phase der Industrialisierung denkt, der betrachtet das Thema einer frühen technischen Bildung bereits durch eine technikdidaktische Brille mit großer Sehstärke.

Mein Anliegen ist es vor allem, Sie anzuregen, das Thema Technik im Rahmen Ihrer Bildungsarbeit bewusst aufzunehmen. Auch besteht die Aufgabe der diesem Aktionsbuch zugrunde gelegten Handlungsfelder darin, sie als Suchfelder bzw. als Ideengenerator für weitere Themen zu nutzen.

Alle an diesem Buchprojekt Beteiligten möchten Ihnen Mut machen, das Thema einer frühen technischen Bildung in Ihren Alltag zu integrieren. Alle Kinder und der Autor sind überzeugt: Es lohnt sich sehr.

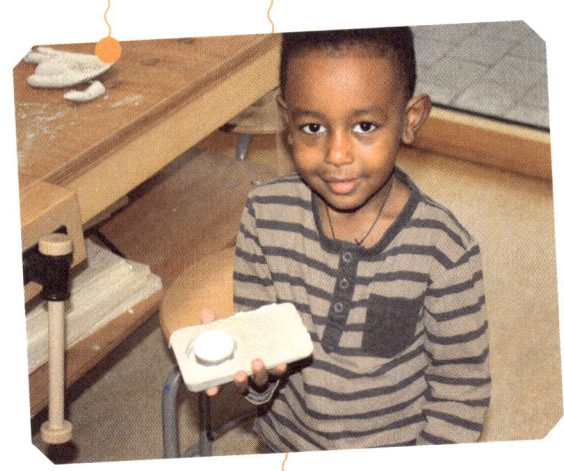

Literatur

- Ellermann, W. (Hrsg.) (2017). *Methodik der Bildungsarbeit in Kindertagesstätten. Kinder in der Praxis anregen, unterstützen und fördern.* Hamburg: Verlag Handwerk und Technik GmbH.

- Friedrich, G. (2010a). Technik ist ein eigenständiger Bildungsbereich (1). *Kindergarten heute,* 10, S. 8–15.

- Friedrich, G. (2010b). Über die Notwendigkeit einer Abgrenzung einer frühen technischen (Grund-)Bildung zur naturwissenschaftlichen Bildung. *tu – Zeitschrift für Technik im Unterricht,* 137, 3/2010, S. 5 ff.

- Friedrich, G. (2011a). Technik ist ein eigenständiger Bildungsbereich (2). Handlungsfeld Bauen und Wohnen. *Kindergarten heute,* 1, S. 23–26.

- Friedrich, G. (2011b). Technik ist ein eigenständiger Bildungsbereich (3). Handlungsfeld Transport und Verkehr. *Kindergarten heute,* 2, S. 26–29.

- Friedrich, G. (2011c). Technik ist ein eigenständiger Bildungsbereich (4). Handlungsfeld Haushalt und Freizeit. *Kindergarten heute,* 4, S. 28–31.

- Friedrich, G. (2016). Technik und Naturwissenschaft. In T. Stuber et al. (Hrsg.), *Technik und Design. Grundlagen* (S. 74–83). Bern: hep verlag ag.

- Friedrich, G. (2017). „Herr Elektroblitz von und zu Glühbirne." Mit Vorlesegeschichten die frühe technische Bildung fördern." *Grundschulunterricht Sachunterricht,* 1, S. 6–25, 44–45.

- Friedrich, G. (2019). *Komm, lass uns Fröbel neu entdecken! Ein Aktionsbuch: Spielen, Flechten, Falten und vieles mehr.* Freiburg: Herder.

- Friedrich, G. & Galgóczy, V. (2010). *Mit Kindern Technik entdecken.* Weinheim: Beltz.

- Friedrich, G. & Giest, G. (2012). Wer ist zu klein für Technik? Spannende Entdeckungen in einem Technik-Projekt in der Frühen Bildung. *Grundschulunterricht Sachunterricht,* 2, S. 24–28.

- Fthenakis, W. E. (Hrsg.) (2009). *Frühe technische Bildung*. Troisdorf: Bildungsverlag EINS GmbH.

- Gesellschaft für Didaktik des Sachunterrichts (Hrsg.). (2013). *Perspektivrahmen Sachunterricht*. Bad Heilbrunn: Verlag Julius Klinkhardt.

- Giest, H. (2012). 4 Technik – eine Perspektive für den Sachunterricht! Zum (schwierigen) Verhältnis von Bildung und Technik. *Grundschulunterricht Sachunterricht*, 2, S. 1, 4–7.

- Möller, K. (2016). Frühe technische Bildung. In T. Stuber et al. (Hrsg.), *Technik und Design. Grundlagen* (S. 212–221). Bern: hep verlag ag.

- Rapp, A. (2020). Zone der nächsten Entwicklung. In M. A. Wirtz (Hrsg.), *Dorsch – Lexikon der Psychologie*. Verfügbar unter portal.hogrefe.com/dorsch/zone-der-naechsten-entwicklung/ [abgerufen am 09.11.2020]

- Schnurtelefon (n. d.). In *wikipedia*. Stand: 10.12.2019. Verfügbar unter de.wikipedia.org/wiki/Schnurtelefon [abgerufen am 09.11.2020]

- Technische Jugendfreizeit- und Bildungsgesellschaft (tjfbg) gGmbH (n. d.). KON TE XIS Malmaschine. Verfügbar unter www.tjfbg.de/aus-und-fortbildung/kon-te-xis-bildungswerkstatt/praxisanregungen/malmaschine/ [abgerufen am 09.11.2020]

- Sachs, B. (2001). Technikunterricht – Bedingungen und Perspektiven. *tu – Zeitschrift für Technik im Unterricht*, 26 (100), S. 5–12.

- Wehrfritz. (n. d.). *Die Technikmacher. Material für Tüftler*. Verfügbar unter www.technikmacher.com/index.html [abgerufen am 09.11.2020]

- Wiesenfarth, G. (1992). Zum technischen Handeln als Grundbegriff einer Technikdidaktik. *tu – Zeitschrift für Technik im Unterricht*, 66 (4), S. 31–44.

- Wiesenfarth, G. (1993). Anfänge technischer Bildung: Zum Verhältnis von Wissen und Handeln. *tu – Zeitschrift für Technik im Unterricht*, 70 (4), S. 26–33.

- Wilkening, F. & Schmayl, W. (1984). *Technikunterricht*. Bad Heilbrunn: Julius Klinkhardt.

Weitere Informationen

Morseapparat

- Bausatz Morse-Blinker (Schraubtechnik)
- Bausatz „Morsesummer"

Bausätze von JugendTechnikSchule

ein Projekt der Initiative Technische Jugendfreizeit- und Bildungsgesellschaft (tjfbg) gGmbH

www.jugendtechnikschule.de

Stromflusstester

Bausatz von JugendTechnikSchule

ein Projekt der Initiative Technische Jugendfreizeit- und Bildungsgesellschaft (tjfbg) gGmbH,

www.jugendtechnikschule. de

Der Autor

Dr. paed. habil. Gerhard Friedrich ist Nachrichtengerätemechaniker, Diplom-Pädagoge und unterrichtete als Lehrer die Fächer Technik, Mathematik, Pädagogik und Psychologie. Er ist Privatdozent für Allgemeine Didaktik an der Universität Bielefeld sowie Buch- und Spielautor.

Kontakt: info.gfriedrich@gmail.com

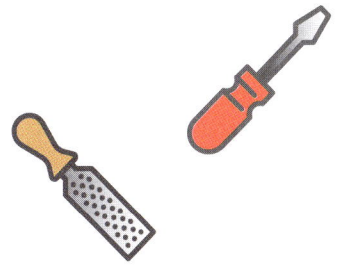

Übersicht über die Aktionsideen

Komm mit auf Entdeckungsreise!

Gerhard Friedrich / Viola de Galgóczy /
Barbara Schindelhauer
Komm mit ins Zahlenland
96 Seiten I Kartoniert
ISBN 978-3-451-32420-8

Gerhard Friedrich / Viola de Galgóczy
Komm mit ins Buchstabenland
80 Seiten I Kartoniert
ISBN 978-3-451-32588-5

Gerhard Friedrich / Viola de Galgóczy
Komm mit ins Farbenland
80 Seiten I Kartoniert
ISBN 978-3-451-32591-5

Gerhard Friedrich / Viola de Galgóczy
Komm mit ins Musikland
96 Seiten I Kartoniert
ISBN 978-3-451-32704-9

Gerhard Friedrich / Viola de Galgóczy
Komm mit ins Gefühleland
80 Seiten I Kartoniert
ISBN 978-3-451-37864-5

Gerhard Friedrich
Komm mit ins Philosophieland
80 Seiten I Kartoniert
ISBN 978-3-451-38549-0

In jeder Buchhandlung!